DO IT:
DO PENSAMENTO À AÇÃO, FAÇA ACONTECER NA SUA EMPRESA.

GESTÃO ESTRATÉGICA

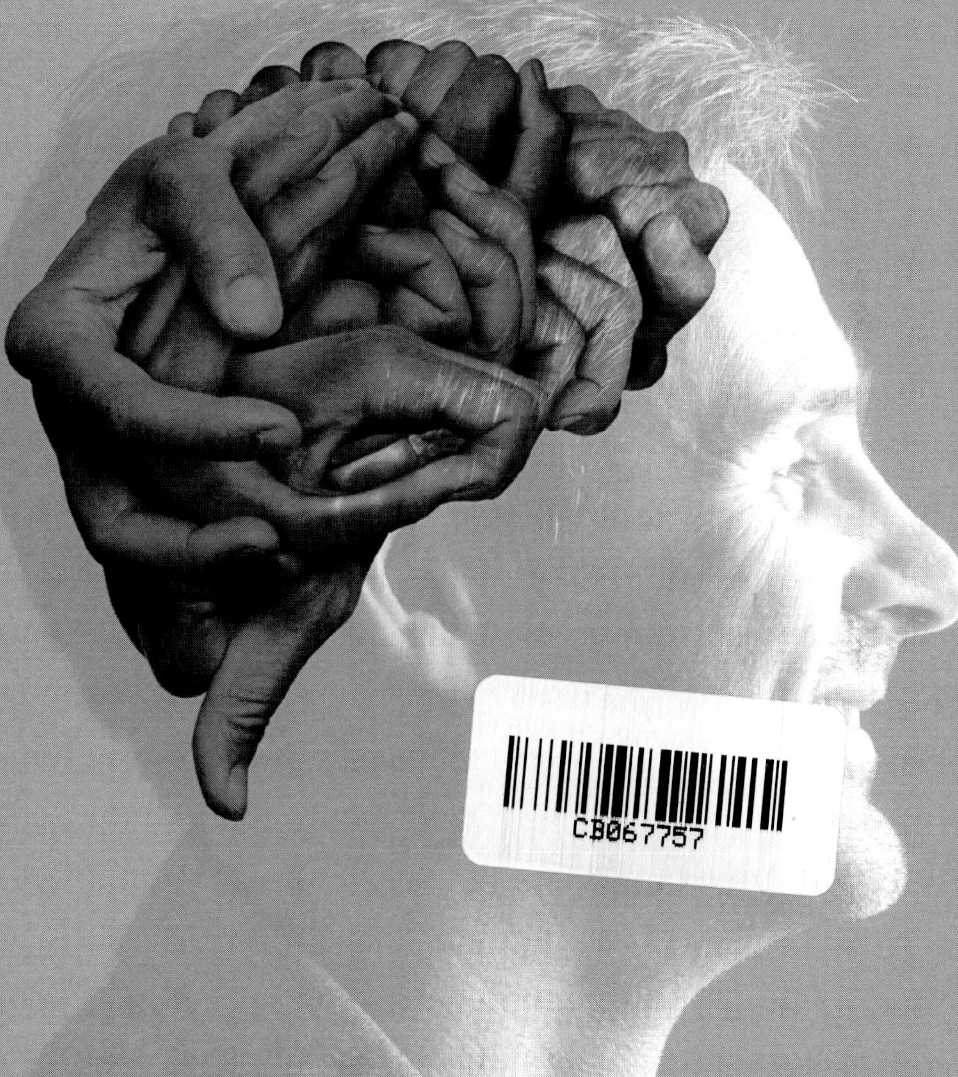

COORDENAÇÃO:
MÁRIO MATEUS E ANDRÉIA ROMA

Editora Leader.

Copyright© 2018 by Editora Leader
Todos os direitos da primeira edição são reservados à Editora Leader

Diretora de projetos
Andréia Roma

Revisão:
Editora Leader

Capa
Luiz Gonçalves - Aliás Comunicação

Projeto Gráfico e Editoração:
Editora Leader

Atendimento:
Rosângela Barbosa e Liliana Araújo

Diretor executivo
Alessandro Roma

Dados Internacionais de Catalogação na Publicação (CIP)
Bibliotecária responsável: Aline Graziele Benitez CRB-1/3129

G333   Do it gestão estratégica / [Coord.] Andréia Roma, Mário Mateus.
1. ed.   1 ed. – São Paulo: Leader, 2018.

ISBN: 978-85-5474-051-1

1. Gestão estratégica. 2. Administração de empresa. 3. Negócios.
4. Gestão - pessoas 5. Empreendedorismo I. Roma, Andréia. II. Mateus, Mário. III. Título.

CDD 658

Índices para catálogo sistemático:
1. Gestão estratégica: Administração de empresa
2. Negócios: gestão de pessoas

2018
Editora Leader Ltda.
Rua Nuto Santana, 65, 2º andar, sala 3
02970-000 – São Paulo – SP – Brasil
Tel.: (11) 3991-6136
andreiaroma@editoraleader.com.br
www.editoraleader.com.br

Agradecimentos

por Mário Mateus

Agradeço aos 11 coautores, empreendedores, empresários, amigos e mestres, que aceitaram de pronto o meu convite e acreditaram neste projeto. Eterna gratidão!

Agradeço à minha esposa, Bia, por sempre acreditar em mim, até mesmo quando eu duvidei. Namastê!

Agradeço aos meus filhos, Natália, Anna Beatriz e Pedro Henrique, por nunca me abandonarem. Amor eterno!

Agradeço aos meus pais, José Mateus Filho e Marta Vieira de Magalhães Mateus, pelos ensinamentos. A bênção!

Agradeço aos meus irmãos, Marco Aurélio e Simone, inseparáveis nesta jornada. Meus *brothers*!

Agradeço à minha querida amiga Francis por vibrar comigo. Valeu!

Agradeço ao meu saudoso amigo e mestre Geraldo Dantas pelo legado. Saudades!

Agradeço a todos os empreendedores e empresários deste Brasil por me servirem de inspiração. Minha admiração!

Mário Mateus

Agradecimentos

por Andréia Roma

Já me perguntaram várias vezes se ainda existe emoção em lançar cada livro, depois de tantos títulos publicados. E a resposta é categórica: sim.

E a explicação é simples: cada obra é fruto de um projeto, de ideias que surgem e vão amadurecendo e tomando forma, até chegarem a um volume tão caprichado e bonito.

Mas o mais importante é que o conteúdo de cada livro impacta o desenvolvimento profissional e pessoal de numerosos e diversificados leitores.

Este "Do It: Gestão Estratégica – Do pensamento à ação faça acontecer na sua empresa" que chega agora às suas mãos é um projeto único e inovador que mostra como as crenças – ou mindset – ajustadas e adequadas a nossos objetivos podem nos levar ao sucesso.

Agradeço a Mário Mateus, que coordena esta obra comigo, pois sem sua presença e criatividade este livro não existiria. E, acima de tudo, por compartilhar tão importantes descobertas no campo da gestão estratégica e convidar 11 empreendedores bem-sucedidos para participarem. A Editora Leader tem comprovada expertise em livros de coautoria e vislumbrou neste projeto todos os ingredientes para ser um sucesso no mercado editorial. Ele é um verdadeiro guia para quem almeja o desenvolvimento e crescimento de seu negócio.

Agradeço, de maneira especial, a cada coautor, por sua generosidade em compartilhar seu conhecimento:

A Miguel Carneiro Neto, que abre o livro, e afirma, modestamente: "Não sou estrategista como meus filhos, mas sempre acreditei que não há limites para o homem que leva a sério tudo que faz."

Helê Pinelli, empresária da área da moda e beleza, cujo foco em todas as suas atividades foram a liberdade financeira e independência.

Emílio Parolini, que acredita na corrente do bem, na qual cada pessoa se integra num todo: "O que eu faço certamente influencia as ações do outro".

Davi Almeida, que nos ensina que "O planejamento estratégico empresarial é a melhor forma para você alcançar os objetivos da sua empresa".

Glaucus Botinha, para quem a tríade disciplina, foco e resiliência pode ser considerada a fórmula do sucesso.

Hegel Passos Botinha, que nos conta como lida em sua empresa com a necessidade da mudança de mentalidade – do "analógico" para o "digital".

Thereza Ferreira, que enriqueceu esta obra ao descrever o poder da comunicação.

Davidson Cardoso, por nos falar sobre os pontos críticos de sucesso para atuação no mercado varejista, que está em franco processo de consolidação.

Lohran Schmidt e Eduardo Vanzak, que nos ensinam como uma empresa pode ter presença forte no ambiente digital e se tornar vitoriosa.

Marcelo Augusto Gomes Cataldo, que tem orgulho de exercer a profissão de vendedor, tamanha importância que as vendas têm para todos, sem exceção.

E a Marcelo Lombardo, que nos revela como o empreendedor deve valer-se da tecnologia para gerenciar melhor o seu negócio e crescer tomando as decisões certas.

Agradeço a Deus, pela bênção de administrar um negócio, contribuir com a geração de empregos e disseminação de conhecimento; a minha família, por seu apoio; e a minha equipe, por sua dedicação.

Boa leitura!

Andréia Roma
Fundadora e CEO da Editora Leader

Sumário

Prefácio 11

Introdução 13

Nasce um sonho – Ideias e Decisões 17
    Miguel Carneiro Neto

Missão empreendedora: seu negócio transformando vidas 37
    Helê Pinelli

Quem sonha seu sonho com você – A força das parcerias 51
    Emílio Parolini

Planejamento estratégico empresarial:
seu sonho com prazo para acontecer 69
    Davi Almeida

Gestão Financeira Segurança e tranquilidade ao tomar decisões 81
    Glaucus Botinha

Gestão Estratégica de RH: transformando indivíduos em
equipes de alta performance 93
    Hegel Passos Botinha

O Poder da Comunicação A inteligência vem da comunicação, a sabedoria vem da emoção 107
    Thereza Ferreira

Estratégia no varejo: encantando o cliente 123
    Davidson Cardoso

Presença digital – o único caminho 143
    Eduardo Vanzak e Lohran Schimidt

Venda mais: agregando valor 163
    Marcelo Augusto Gomes Cataldo

Sistema de informação integrado: Tudo o que você precisa saber em um click 175
    Marcelo Lombardo

Rituais de gestão: a empresa na sua mão 195
    Mário Mateus

O passo a passo da gestão estratégica 205
    Mário Mateus

Prefácio
Muito além da gestão

Ao terminar a leitura dos originais deste livro, e ser convidado a escrever seu prefácio, buscava inspiração para uma mensagem que fugisse ao lugar comum, que trouxesse impacto ao leitor, assim como seu conteúdo me trouxe.

Então me deparei com a frase com que Mário Mateus encerrou a introdução: "A leitura é uma porta aberta para um mundo de descobertas sem fim".

Pois essa frase é meu ponto de partida para este depoimento, pois representa o que o leitor encontrará nesta obra: muitas descobertas, muitas experiências, muitas lições de vida, muitos exemplos de superação e de esforço e dedicação. São empresários bem-sucedidos que compartilham sua trajetória e, através de seus relatos, oferecem ao leitor a oportunidade de refletir sobre as características em comum que os fizeram atingir a alta performance em seus negócios e ter uma vida com qualidade em todos os aspectos.

Porque essa é a maior conquista da maioria das pessoas vitoriosas: o equilíbrio entre a área profissional e a pessoal. Isso é possível, como se pode constatar com as histórias desses 11 empresários que o autor do projeto convidou para participarem do livro.

Porém, mais importante ainda do que saber que é possível, é ver algo que está muito além da gestão somente: são pessoas vitoriosas que se diferenciam por terem em mente a gestão na prática, o DO IT.

Esta obra com certeza vai movimentar o mercado editorial, por seu conteúdo e pela narrativa agradável que incentiva o leitor a ler até o final, se possível sem pausas.

Que você, leitor, se inspire e se sinta fortalecido para ser mais um empresário bem-sucedido e cumprir sua missão.

Boa leitura e DO IT!

Introdução

Comecei a trabalhar em nossa empresa há mais de 35 anos, com 15 para 16 anos. Trata-se de uma empresa de contabilidade, que cumpria os padrões da época, e, como não podia deixar de ser, comecei como *boy*, passei pelo faturamento; financeiro; departamentos pessoal, fiscal, contábil e imposto de renda pessoa física.

Com o tempo, comecei a me dedicar à área contábil e, na época de declaração do IRPF, sempre atendendo clientes. Quanto mais eu me especializava, mais o atendimento aos clientes aumentava e mais contato eu tinha com eles. No início era de uma maneira mais voltada a cumprir as tarefas que me eram conferidas, recebendo os documentos, analisando algumas questões, abordando alguns pontos, mas sem me aprofundar nas dores dos nossos clientes. Algo, porém, já começava a chamar a minha atenção: o discurso de cada um.

Era interessante como, em um mesmo dia, um falava muito bem do seu negócio, passava ensinamentos, comentava sobre crescimento, sorria, ao passo que outro só fazia reclamar, falar mal do seu negócio, choramingar e transmitir um sentimento de derrota e tristeza.

Aquilo muitas vezes me confundia bastante, pois ainda era muito jovem e não tinha conhecimento e maturidade para discernir o porquê do discurso de cada um, onde estava a verdadeira diferença entre aquelas pessoas, o que fazia daquelas pessoas "empresários de sucesso" e "empresários de fracasso".

O tempo foi passando e, por mais incrível que pareça, essa situação se repetia por diversas e diversas vezes. Veio a era da informática, a quarta Revolução Industrial, o *bitcoin*, o *blockchain*, e eu podia ver pessoas de sucesso e pessoas de fracasso. Recentemente, eu me encontrei com dois empresários do varejo no mesmo dia – de manhã, um me relatou que tinha duas lojas, não muito grandes, mas que ia fechar uma, caso o filho não ficasse na loja, porque "varejo é muito difícil, e os sócios é que têm de ficar na loja olhando". À tarde, outro já me relatava que abriria sua décima primeira loja de varejo e que cada loja tinha em média 1.000 m², que "o varejo tem seus desafios, mas é preciso crescer, com gestão eficaz, gostando do que se faz e muita alegria e um largo sorriso no rosto". Enfim, pessoas do mesmo segmento e com visões completamente diferentes.

Comecei, então, a mapear tais pessoas e a entender por que algumas delas fazem sucesso e outras não, e que o código mental não é mera peculiaridade, visto que ele determina como cada um se torna otimista ou pessimista, molda os objetivos e a atitude em relação ao trabalho e aos relacionamentos. A sua forma de pensar influencia diretamente seu comportamento e atitude, e assim determina também o seu nível de sucesso e quão saudáveis serão os seus relacionamentos.

Essa programação mental, essa forma de pensar, molda a nossa vida presente e dita qual caminho seguir na direção do nosso futuro, considerando que fomos programados para pensar e agir de determinada forma. É a nossa mentalidade, nossos paradigmas, nosso modelo mental, nosso **mindset**.

O *mindset* é como sua mente. Está programado para pensar

sobre determinado assunto. Se nossa mente fosse um computador, o *mindset* seria o processador, ou o *software*, que determina como ele vai funcionar.

O *mindset* é formado por nossas crenças, por aquilo em que realmente acreditamos. Nossas crenças são definidas pelas experiências do passado, o que vivenciamos, vimos e ouvimos, e que tomamos como verdade.

Nem sempre, porém, temos consciência dessas crenças. Por exemplo, alguém que costumava ouvir que "é pecado deixar comida sobrar" pode ter dificuldade para controlar a quantidade na sua alimentação e, em consequência, para emagrecer, já que sua mentalidade aprendeu que o correto é comer tudo que está disponível. Outro exemplo é de alguém que presenciou algum familiar com dificuldades financeiras; essa pessoa pode ter um *mindset* que prioriza estabilidade profissional e evita correr riscos. Esses pensamentos podem ser muito úteis para algumas pessoas, mas ser limitantes para alguém que deseja abrir o próprio negócio.

É aí que percebemos a importância do *mindset*, isto é, o que acreditamos gera nossos pensamentos. Os pensamentos geram sentimentos. Os sentimentos geram ações. E as ações geram os resultados.

Se você possui objetivos que deseja conquistar, precisa ter um *mindset* apropriado para esses objetivos! Se você deseja ter resultados diferentes em alguma área de sua vida, é necessário mudar sua programação mental em relação a tal área.

O que pude concluir desse levantamento que fiz sobre empresários de sucesso foram três pontos convergentes: primeiro, todos gostam do que fazem, não tinham aquela ilusão infantil de fazer o que gostam, e sim a maturidade empresarial de gostar do que se faz; segundo, todos têm total responsabilidade sobre a gestão de suas empresas, e o que é responsabilidade é a obrigação de responder pelas ações próprias ou dos outros, pois o empresário sabe que, no final, ele é quem assume tudo, sem procurar culpados, respeitando sua equipe e agindo sempre de forma assertiva com seus colaboradores; terceiro, jamais perdem a conexão com seu negócio; mesmo que estejam passando por um momento desafiador, continuam cuidando do seu negócio sem largar suas tarefas ou desanimar em relação à empresa; pelo contrário, ficam mais dedicados ainda.

    A minha inquietação diante dessa questão se tornou um desafio para mim. Não queria mais julgar aquelas pessoas que não caminhavam rumo ao sucesso, visto que muitas vezes não era simplesmente porque queriam seguir o caminho errado. Era o *mindset* que não as deixava ver que existiam caminhos diferentes. Por isso me propus a difundir ao máximo o *mindset* dos empresários de sucesso que acompanhei e estudei durante esses mais de 35 anos, tanto por meio das minhas palestras, que já somam mais de 500 por Minas Gerais e pelo Brasil afora, sendo a principal "A empresa na palma de sua mão – Cinco fatores de sucesso", quanto por meio de artigos, *blog* e das mídias sociais, e agora através deste livro, que acredito totalmente muito vai contribuir.

    A notícia boa é que é possível mudar seu *mindset*. Foi por essa razão que convidei 11 empresários e amigos, pelos quais tenho a mais alta admiração, para que juntos pudéssemos escrever esta obra, baseados justamente em suas histórias de sucesso, em um *mindset* programado para a vitória, e tendo em mente a gestão na prática, no *DO IT*, na fórmula de sucesso que cada um aplica verdadeiramente em suas empresas.

    Convido vocês, caros leitores e amigos, a percorrer cada capítulo deste livro com muita atenção, dispostos ao aprendizado, absorvendo o ensinamento prático que cada um desses coautores vivenciou em suas fainas.

    A leitura é uma porta aberta para um mundo de descobertas sem fim.

Nasce um sonho –

Ideias e Decisões

Miguel Carneiro Neto

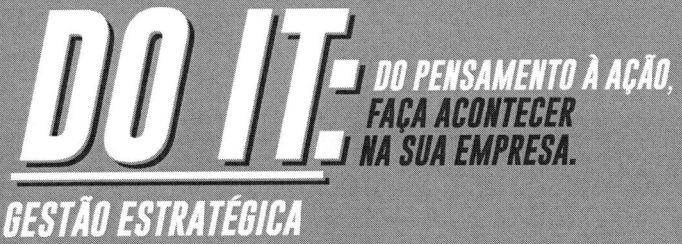

MIGUEL CARNEIRO NETO

Empreendedor, empresário e comerciante há mais de 30 anos. Graduado em Engenharia Elétrica pela UFMG (Universidade Federal de Minas Gerais). Atacadista por dez anos no Ceasa-MG. Sócio-fundador da Bang Bang Burger, hamburgueria estilo americano, com 15 lojas nos anos 1990. Sócio-fundador da Wäls, primeira cervejaria sul-americana a conquistar o World Beer Cup e mais de duas centenas de prêmios de qualidade no mundo. Sócio-fundador da Novo Brazil Brewing, cervejaria localizada em Chula Vista, no sul da Califórnia, e da KHäppy Kombucha, empresa brasileira especializada em qualidade de vida e saúde, que trouxe o chá milenar kombucha para o mercado brasileiro.

Introdução do capítulo

....

Foi assim mesmo. Foi exatamente assim, como o Miguel contou, que rolou nosso papo. Ele me chamou no WhatsApp e disse que precisava falar comigo. Nosso encontro, como sempre, muito agradável, tem todo um clima, uma energia positiva, que erradia do Miguel, de coisa boa. De que vai dar certo, de que é uma questão de decisão e de que só depende de você. Ou você olha pro chão ou olha pras estrelas.

O sonho nasce do ideal. Como bem ensinou meu pai, José Mateus Filho, "os ideais são crenças, influem sobre nossa conduta à medida que neles cremos". O que o Miguel nos mostra neste capítulo é que ele acreditou em seus sonhos o tempo todo. Não só ele, mas também sua família, que esteve sempre ao seu lado, e juntos construíram o *master mind*, isto é, a mente mestra, rumo a um objetivo bem definido.

Mas eles não ficaram apenas no mundo dos sonhos. Ele e sua família acreditaram nos sonhos e fizeram acontecer, com muito trabalho, muita dedicação, muita humildade, disposição para aprender, para recomeçar. Lembro-me do Tiago entregando máquina de chope pessoalmente em festas, sem nenhuma vergonha; pelo contrário, com orgulho do que fazia. Ele e seu irmão com a mão na massa, transformando o sonho em realidade, com trabalho e dedicação.

Como vocês vão constatar nesta leitura, Miguel teve de tomar diversas decisões em sua vida. E nada é mais difícil e, portanto, tão precioso do que ser capaz de decidir. Esse é um dos grandes aprendizados que Miguel nos passa neste capítulo.

Bons sonhos e lembrem-se: "Um sonho sonhado sozinho é um sonho. Um sonho sonhado junto é realidade".

Mário Mateus

Prefácio

Em agosto de 2018, fui surpreendido com um grupo de WhatsApp, no qual havia um *post* com uma foto minha no capítulo de abertura de um livro já editorado. Vi que era sério e que eu deveria narrar minha trajetória empresarial. Jamais pensara em escrever uma linha sequer sobre isso.

De volta a Belo Horizonte, procurei o Mário Mateus, autor do projeto, e o indaguei sobre os objetivos do seu livro. Ele corrigiu – "nosso livro" – e começou pelos 55 anos de vida da Matur, que se aproximavam. E também da humildade e perseverança que teve início com seu pai e já se estendia pela 3ª geração. Ainda que, durante tantos anos, ficava intrigado, como contabilista, com o fato de alguns homens e empresas se destacarem em setores com péssimo desempenho e com gestões extraordinárias.

Deixei claro que, ao longo da vida, não vira nada de especial no que fiz. Sempre errara muito, havia acertado poucas vezes, mas que sempre era disciplinado, resiliente e que tentava várias vezes até alinhar objetivos. Que a melhor maneira de ter tido boas ideias foi ter tido muitas ideias e persegui-las incansavelmente.

"Pois é, Miguel", disse ele, "por isso vai abrir o livro com o capítulo 1. Faça isso por mim. Diz isso para os jovens empreendedores que estao começando, vai ser nosso legado, são poucas páginas" [...] De fato pensei: "O trabalho enobrece o homem".

Saudades da infância e da adolescência

Nasci na linda cidade de Araxá (MG), de fontes termais mundialmente conhecidas, assim como suas mineradoras. Na época, eram poucas ruas e bairros, duas ou três ruas de comércio; na última delas, meu pai, Benezão, e meu avô, Miguelão, de quem herdei o nome, exploravam uma pequena padaria. Tudo bem próximo da nossa casa, que era quase parede com a casa da vó Juraci. Os quintais e a cozinha comunitária se comunicavam. Nasci bem padeiro, comerciante na veia.

Meu pequeno mundo era atravessar a rua, observar meu pai e meu avô manuseando um tanto de massa, colocar aquilo tudo num enorme forno a lenha. Eu tentava fazer o que dava conta, ajeitar pães e roscas na vitrine, varrer o estabelecimento... Adorava a conversa dos mais velhos e o vaivém dos poucos clientes. Beirava o Miguelão como ninguém, que todo dia me gritava: "Vem, fio, vem dar beijim vovô". As notas verdinhas e novinhas de cruzeiro na mão.

Segundo meu tio Plínio, irmão da minha mãe, Dona Ritinha, professora daquelas que pegava o menino pela orelha, nunca viu moleque tão atrevido e com tanto dinheiro no bolso. Na verdade, meu avô me pagava até para fazer coisa errada, traquinagem de garoto. Os vizinhos me chamavam de Miguelzin capeta, e o vovô ia aos delírios. Tudo bem longe da Dona Ritinha. Esta não perdoava nada. Marcava de perto, dizem até que se mudou do Grupo Estadual Delfim Moreira para ser professora do pré-escolar no qual estudei com medo de eu sofrer *bullying* de tão atrevido que eu era. Dias inesquecíveis e ocupados eram quando recebíamos de outras cidades, nas férias escolares, os primos que vinham visitar meus avós. Íamos à estação balneária da cidade, já que lá havia piscina e era um verdadeiro piquenique, aquela penca de meninos, que podiam exercer suas vontades. Havia ainda a casa e fazenda do vô Celso e da vó Nair, pais da Dona Ritinha.

Moravam em Carmo Paranaíba. Lá era outra leva de meninos a fazer queijos, doces, biscoitos e a andar a cavalo pela fazenda. Que maravilha eram as férias!

Meu pai era uma pessoa amável, sempre generoso, mas muito preocupado em não criar filho malandro. Por isso, bem cedo, eu era seu entregador de pães nos dias úteis e fins de semana, nos quais ele não podia contar com funcionários. O trabalho era feito por carroças; até hoje me lembro do "Piloto", burro branquinho, quase da família. Se estivesse vivo, seria contratado pelo Waze, já que conhecia cada palmo da rota; era "superdotado". Logo vieram as Kombis, e meu avô falava que o piloto estava aposentado. Comeu e dormiu ainda por vários anos no fundo do terreno da padaria.

Meu pai formou todo o meu caráter como trabalhador incansável. Éramos unha e dente – tinha sido músico, saxofonista com conjunto e tudo no auge do Grande Hotel do Barreiro. Herdei dele o mesmo amor pela música. Lembro-me do dia em que entrou um piano novinho em folha na nossa casa. Foi esforço dos meus avós e de um padrinho do coração; ambos venderam bezerros para que comprássemos aquele instrumento. Detalhes de que ainda me recordo com lágrimas de emoção e também de gratidão. Com o piano como companheiro, tive os melhores momentos da minha vida; tornei-me um amante da música clássica. Meus pais, apesar de uma vida sacrificada, não mediram esforços para que eu, Soraia e Artur, meus irmãos, estudássemos e nos "preparássemos para o futuro".

Da infância para a adolescência, foi tudo mágico e muito rápido. Com 13 anos, fui convidado para trabalhar como menor aprendiz no Banco do Brasil. Com carteira de trabalho assinada e salário fixo, saí de lá um homem. Daí não parei mais de pensar e sonhar com as próximas etapas da juventude.

Sonho da capital mineira e da Engenharia

Três anos antes de vir para Belo Horizonte, nossa vida familiar tomou novos rumos, com a morte do meu avô Miguelão. Minha vó Juracy e as irmãs do meu pai abdicaram da herança que receberiam da padaria. Meu pai, já cansado das longas madrugadas, vendeu aquele pequeno negócio e investiu numa fábrica de pré-moldados de concreto. Na mesma ocasião, minha irmã Soraia começou a namorar o seu futuro esposo, o engenheiro Henrique, e os novos assuntos e amigos eram da área de Engenharia. Fui influenciado ao ouvir sobre grandes investimentos nas mineradoras da minha cidade e passei a desejar um curso de Engenharia. Meu pai não me segurou em casa mais; estudar na capital era quase imperativo para os jovens da época. Sua situação financeira já permitia enviar-me o básico e pagar um pré-vestibular.

Estudava incansavelmente de oito a dez horas diárias depois do cursinho. Estava acostumado com trabalhos e estudos, agora era pra valer: escolhi a Engenharia Elétrica. No outro ano, já era aluno da Universidade Federal de Minas Gerais (UFMG). Fiquei muito feliz; pudera, depois de tanto esforço. Faltava ainda o que cultivara com muita paixão: a música. Adorei os novos amigos, até hoje nos encontramos; era muita Matemática e Física, tinha de estudar mesmo! Ainda assim, tomei a decisão de um novo vestibular e enfrentar o curso de Piano na própria UFMG. Estava eu no outro ano com dois cursos, pulando de um prédio pro outro, feito maluco, com tanta ocupação. Não sei como aguentava aquilo tudo, nem mesmo tinha meu instrumento em Belo Horizonte. O Diretório Acadêmico da Escola de Música passou a ser o meu QG. Ali estudava no velho piano, entremeando as outras matérias da Engenharia.

Movido pela necessidade de ter meu dinheiro extra, ali começou a minha vida empresarial. Tornou-se o local do meu escritório. Passei a dar aulas particulares e nunca mais me faltaria dinheiro, visto que aceitava qualquer matéria que fosse – Matemática, Física, Inglês e Piano –, para todas havia interessados. Não desistiria nunca do meu curso de Piano e também da Engenharia, mas comecei a achar chato o curso dessa área, prejudicado por constantes greves de professores. Só via aquilo tudo terminado e eu seguir em frente como empresário de qualquer empreendimento. Convivia com meus tios e outros familiares e os via tornarem-se prósperos comerciantes de cereais. O mercado para a Engenharia encontrava-se em declínio, uma vez que o "milagre brasileiro" estava nas últimas. Um convite para o novo negócio do tio Victor na Ceasa-MG e uma soma da poupança do meu pai, que sempre me dera muito crédito, foram os catalisadores para que eu iniciasse a vida empresarial. Muito admirava meu pai, como adquirira aquela poupança nos poucos anos que ficara ausente. "Seu pai leva a vida com muita humildade", dizia minha mãe, "tome isso como lição".

Aquele ano de 1982 começou acelerado; eu operava as finanças do negócio e arranjava tempo para as últimas matérias da Engenharia. Também o inesperado se deu comigo e minha hoje esposa, Ustane. Ela ficou grávida do nosso primeiro filho, o Tiago. Foi um susto, pois éramos duas crianças. Novamente meu pai, com sua infinita sabedoria, me brindou com suas palavras: "Filho, agora chegou a sua hora de mostrar a você mesmo tudo quem você é de fato. Não humilhe esta moça, vá hoje mesmo ao cartório e se case com ela. Proteja meu neto que ela carrega; tenha pela sua família o mesmo amor que dispensei a vocês. Não me desaponte, tem a minha bênção e a de sua mãe".

Menos de um mês depois, em evento simples, cercado de muito carinho, comemoramos nosso casamento. Passados 37 anos, vejo que tudo desceu dos céus para a minha vida. Eu e minha pequena guerreira só fizemos trabalhar e amar tudo ao nosso lado.

Naquele ano me formei, me casei, e meu primeiro filho estava nascendo. De bônus, já tinha feito meu primeiro pé de meia.

Dez anos como atacadista e meu primeiro voo no varejo

Os negócios no atacado envolvem um volume grande de dinheiro e muita perspicácia. Éramos proprietários de lojas no Ceasa-MG e de armazéns para beneficiamento, industrialização e empacotamento de arroz, feijão e outros gêneros. As vendas para grandes redes de supermercado e fornecimentos para órgãos de governo eram constantes e nos permitiram rápida ascensão. "Meu Deus, quanto dinheiro envolvido, quanto risco." Um mercado que subia e descia junto com a inflação. Nossa moeda volatizava. O governo sempre atrasava seus pagamentos, sempre existiam os vendedores de facilidades para obter gordas comissões; era o fim do militarismo e o início dos corruptos governos dos presidentes Sarney e Fernando Collor. Do início farto e de dinheiro abundante e ainda uma passagem de muito aprendizado no mercado de São Paulo, cidade onde meu filho José Felipe nasceu, fui me distanciando do meu ideal de vida, do meu temperamento musical, dos objetivos de Engenharia e da boa cultura adquirida nos bancos de escola. Aos 30 anos, já estava cansado e acabara de ganhar uma bela dor de cabeça com a Fazenda (Fisco) de Minas Gerais. Foi decisivo mudar de vida. Já havia conseguido minha casa, estava feliz com minha esposa e os lindos filhos, ainda restava algum dinheiro para recomeçar, estávamos em 1990. Crescemos muito com essa decisão.

Meu eterno amigo Luís Mauro, pelo qual tenho muita gratidão, convenceu-me de empreendermos em uma hamburgueria, estilo *cowboy*, bem americana, Bang Bang Burguer. O cardápio era hambúrguer, mas era uma casa com muita música e diversão. O projeto era bem ousado para os anos 1990 e foi um sucesso. Em poucos anos, eram 15 lojas, franquias formatadas, uma gestão de porte grande. Tudo manualizado, dispensei três anos escrevendo todos os detalhes, com central de produção de pães, carnes, sucos, refrigerantes e, no final dos anos 1990, cervejas. Todo modelo, se não renovado, vai se desgastando. Uma série de erros nas nossas ações de varejo, uma série de novos *players* e franquias americanas, fora a proliferação de *shopping centers*, foram determinantes para dissolvermos a nossa sociedade em 2003. Assumi riscos e pagamentos que me levaram para novos rumos. Havia aprendido muito, depois de tantas aventuras, e carrego uma máxima do Luís: "Gostoso vai ser aos 70 anos; teremos muita história pra contar".

Aprendendo com a cerveja e os meus filhos

Gosto de salientar como é, e sempre será, importante a união da família em torno de um objetivo quando se trata de empreendimento familiar; minha dedicada esposa começou a entrar em cena também. Chateada com os moleques já marmanjos e bigode crescendo, um dia se impôs a mim: "Nossos filhos precisam trabalhar, eles não são como você. Era estudioso e começou cedo no trabalho. Eles estão virando filho de pai rico, eles vão trabalhar e nos ajudar a pagar as contas".

Dito e feito, em dois anos se transformaram de moleques em homens. Entre 2002 e 2006, período em que passamos por graves problemas financeiros, acreditamos e apostamos nas cervejas artesanais, a nova vedete do mercado. Montamos eficientes planos comerciais, industriais, gestão financeira ferrenha e um *marketing* bem jovem, falando direto com o público usando redes sociais.

Wäls, cervejas especiais

Nossas pequenas lojas de hambúrgueres remanescentes continuavam de pé. Era de lá que vinha nossa sustentação, e o local era usado para testar novos produtos. Havia vendido algumas unidades para a rede Bob's e outros varejistas do ramo de alimentação. O dinheiro que entrara foi todo reinvestido na sede própria e em novos maquinários para a produção de cervejas. Após o falecimento do nosso cervejeiro, Tácilo, meus filhos assumiram a criação de outros produtos. Já estavam conectados com o mercado cervejeiro mundial e tinham aprendido novas técnicas. Também me transformei: era agora engenheiro de fato e feliz da vida com todas as ideias inovadoras que se apresentavam. Todo o meu aprendizado de coragem nos primeiros momentos de vida empresarial veio redobrado com a família ao lado. Nem um infarto, entre 2008 e 2009, me tirou o ânimo. Vivi para ter muitas alegrias por tudo que lutara uma vida inteira.

Entre 2008 e 2012, criamos pra valer. Novas ideias, novos rótulos e cervejas, técnicas moderníssimas, ousadia pura. Não nos importávamos em errar cem vezes; precisávamos acertar o alvo. Hoje existe literatura avançada e escolas cervejeiras; na época, porém, ousávamos com as técnicas de *dry hopping*, uso de novas leveduras e lúpulos desconhecidos, refermentação na garrafa, como os belgas, e técnicas de *champenoise*. Gastamos muito com experiências e equipamentos, viagens e cervejas colaborativas. Disruptamos do mercado. Preocupávamo-nos com todos os detalhes, desde grandes eventos, ao longo do ano, até com as pequenas maldades das redes sociais. Nosso mercado só aumentava. Todas as cervejarias nascentes queriam ser igual à Wäls. Inesquecíveis os prêmios de qualidade no primeiro concurso do qual participamos, o South Beer Cup 2012.

Fomos considerados a melhor cervejaria da América do Sul. Novos títulos em 2013 e a grande conquista no World Beer Cup 2014. Fomos os primeiros sul-americanos a conquistar um título ali, e ganhamos duas medalhas de uma só vez. Para mim, vivia um conto de fadas. Pensar que nunca havíamos tirado um centavo dali, só fizéramos dedicar todo o tempo e carinho. Meus filhos e sócios recebiam como funcionários. A família foi toda abençoada por seu esforço e disciplina. Éramos um só: no amor, nas brigas, no cansaço das longas jornadas e viagens, no respeito a tudo e principalmente aos grandes companheiros que acreditaram nos nossos sonhos. A lista de agradecimentos seria enorme e não caberia aqui; lembro-me com orgulho de cada um.

Hoje, 2018, mesmo com a companhia em transição para as mãos dos amigos da Ambev, é um grande orgulho poder ver meus filhos levantarem no Word Beer Cup 2018 mais uma medalha de ouro em uma das nossas grandes criações.

A Wäls já acumula mais de duas centenas de prêmios de qualidade mundo afora, todos plantados pelo que acreditávamos. É sem dúvida um grande *case* mundial.

A aproximação da Ambev e a separação dos meus filhos

Tudo que é muito bom parece que dura pouco, passa rápido. Foram 15 anos correndo como louco para acompanhar e acomodar meus filhos, fora o que aprendi com experiências passadas. Verdade é que ninguém faz isso tudo para ser vendido ou ter um parceiro do porte da Ambev. Cada tijolo erguido, cada novo equipamento, cada minuto com meus filhos, ali dentro, claro que não tem preço por mais irracional que seja esse apego. Gostaria de ter visto netinhos correndo por ali. A aproximação com a Ambev foi muito breve. Éramos muito organizados, e a auditoria deles, muito eficiente.

Em setembro de 2014, fomos procurados por um grupo de novos sócios deles que gostariam de participar do novo comércio cervejeiro, bem diferente do padrão que reconhecemos da Ambev em todos os estabelecimentos do Brasil. Era um grupo de garotos, geração mídia social e características inovadoras para o perfil *mainstream* da companhia. O alvo eram meus filhos, eu não fazia parte desse perfil. Claro que meus filhos ficaram deslumbrados. Eu estava perdendo meus grandes companheiros; cuidei apenas para não ficar um velho amargo que deixou oportunidades para trás. Minha saída custou-lhes boas reuniões e paciência, mas foram respeitosos e delicados comigo. Na última reunião de acordo, pedi licença e fui ao banheiro; me abati com uma crise de vômito e choro incontido. Meus filhos estavam batendo asas, e meu dia a dia iria mudar radicalmente.

No outro dia, me dei conta de que teria de me mudar do Brasil para assumir nossa cervejaria dos Estados Unidos, foi ainda pior.

Meu Deus, largar meu país, a comidinha da dona Maria no mesão da cervejaria, meus companheiros de longa data, minha mãezinha, já um pouco doente. Lembrava-me dos familiares com idade avançada, meu piano, o saxofone... hum... nenhum vintém do que recebi mexeu com minha vaidade.

Novo Brasil, nossa cervejaria na Califórnia

"Pai, esqueeece! Sua vida agora é outra. Se encher o saco, vende aquilo lá. Vai curtir a sua vida." Ouvir isso dos meus filhos não era nada animador para um velho leão caçador. Quem empreende não leva desaforo pra casa. Pensei até em humildemente pedir-lhes emprego na nova companhia. Estava desesperado. Minha esposa e companheira resiliente ficara muito triste. Fui visitar e abraçar minha mãe e minha irmã e foi o mesmo amargor; meu coração estava em pedaços. Levei uma semana pra refazer o raciocínio e encarar a realidade. Tremia de pavor de me lembrar do meu Inglês, completamente enferrujado.

Havíamos completado toda a burocracia para obter licença de álcool nos EUA. Apesar de estatutos bem definidos, instalar-se lá é bem pior do que no Brasil, ao contrário do que todos pensam. Abrir uma empresa é facílimo, mas não dá pra ir se ajeitando como aqui; regra é regra. Tudo é fiscalizado antes, até parafusos são os mesmos especificados nos projetos. Pensei mesmo em não ir, mas palavra é palavra. Nossos sócios brasileiros e filipinos ficaram bastante desapontados quando viram a minha chegada, e não a dos meus filhos, mais modernos e eloquentes no Inglês. Estavam bastante em evidência nas mídias sociais, além de terem feito todas as tratativas comerciais. Cheguei em San Diego 15 dias exatos depois da negociação com a Ambev e ainda com a cervejaria toda no chão. Fiquei muito preocupado com o *startup* industrial. O Zé Felipe ia fazê-lo comigo e ainda com o consentimento da Ambev, uma vez que já era diretor da Wäls. De repente estava dando errado. Fiquei lá sozinho com um cervejeiro que não entendia nada do que eu falava! Incrível que nem mesmo ter de acordar bem cedo, carregar minha marmitinha e andar a pé 5 quilômetros ida e volta me desanimou. Apenas fiquei mais magro. E, 45 dias depois, a indústria estava prontinha, completamente organizada e com os tanques todos cheios. Em jornadas de 15 a 16 horas, já realizava a metade de todas as tarefas. Só me lembrava dos meus colaboradores no Brasil, saudades do quanto os amava e era retribuído com a mesma moeda de amor.

Marcamos o "Grand Opening" para 19/4/15; o *taproom* ficou bem charmoso e permaneceu com muitos clientes. Ao longo dos primeiros dias, naqueles dois meses e meio, ainda deu tempo de comprar um carro e uma pequena casa ao lado da indústria. Deixei um amigo mexicano tirando os carpetes e trocando toda a cozinha. Voltei ao Brasil para rever os familiares e raciocinar um pouco. Agora era gringo e todo mundo me dando tapinha nas costas; meus filhos eram sócios dos maiores empresários de bebida do mundo. Deveria ser um sonho, um sonho grande, mas, ao contrário, os vi duas ou três vezes, só ouvia: "Pai, tem que falar rápido porque eu tenho reunião". A reunião era em São Paulo ou em outro lugar qualquer, com muitas planilhas, "planos de negócios", vida corporativa. Humildemente, a duríssimas penas, reconheci meu novo lugar. Visitava a Wäls, queria ver tudo que amava, almoçar no mesão, ficar algumas horinhas na produção... Não era mais assim. Tratei logo de voltar para o meu posto na Califórnia. Cinco minutos após minha chegada, comecei a me aborrecer: encontrei a indústria incrivelmente desorganizada, faltando cerveja no *taproom*, uma procrastinação geral. E o pior: alguns clientes que frequentavam ali já vieram reclamar de bebida, comida etc. Enfim, não estava como quando começou.

Não gostaria de me estender, mas levei um ano e meio para ter uma solução. Fiz uma manobra incrível para me tornar majoritário na empresa. Coloquei dinheiro sozinho todo esse tempo pra manter o negócio, fora o desgaste com horas jurídicas. Tive de construir uma ponte de ouro para me desvencilhar dos problemas. Levei à risca o provérbio: "Quem não arrisca nada arrisca tudo".

Entretanto, já via o mercado americano como muito grande para deixar tudo pra trás. Era o instinto falando mais alto, uma vez que sentia meus filhos sendo minados pelo mundo corporativo. Não reclamavam, estavam muito empolgados para falar sobre isso. Comecei a enxergar grande futuro nos EUA. Não largaria o osso assim, uma vez que meus filhos poderiam ter um refúgio na janela de renovação contratual com a Ambev daí a dois anos. Tomei um bom prejuízo com os meus planos, mas isso não foi nada. Só mais uma batalha da guerra. Cuidei da qualidade das cervejas como um leão, levei um sobrinho pra lá, o Dudu. A única coisa que pedi a ele foi obediência cega e seguir a trilha que eu já conhecia. Nada era diferente do que fizemos no Brasil. Somos ou não resilientes como empresários no Brasil?

Em 2016, conquistamos uma dezena de prêmios em qualidade. Em 2017, além de aumentarmos para duas dezenas, fomos considerados a melhor *startup* americana, segundo o *Brewbound*, semanário especializado em "Beverage Market". Foi bem pomposa a premiação. De quebra, em 2017, fomos a oitava empresa americana do setor a crescer mais rápido. Da Califórnia, exatamente o segundo.

De novo, a paixão falando mais alto. Não sou estrategista como meus filhos, mas sempre acreditei que não há limites para o homem que leva a sério tudo que faz.

Passaram-se três anos. Veio 2018, e novamente se cumpriu a minha profecia. A missão que apaixonadamente abracei está sendo mais uma vez entregue aos meus filhos. Assim como meu pai me abençoou lá atrás, eles têm toda a minha credibilidade para seguir em frente. E corrigir alguns erros que cometi. Ao meu lado, a minha pequena guerreira Ustane, sempre de joelhos no chão, agradecendo a Deus e abençoando a mim e aos filhos. Eta fé!

Tenho estado um pouco mais no Brasil e desta vez com minha nova paixão, a Kombucha, chá fermentado com a cultura de bactérias e leveduras. A bebida é a sensação nos EUA, porém pouco conhecida aqui.

KHäppy Kombucha, a nova paixão

Um empreendedor jamais cruzará os braços, situação a que me vi obrigado nas idas e voltas dos EUA. Isso até encontrar pessoas amadas e mais competentes que você procurando novos desafios. Foi essa a razão para me arriscar novamente.

Na verdade, gostaria de ter trazido as cervejas da Novo Brazil, mas coincidiu com a visita do José Felipe à Califórnia, e ele encontrou na geladeira uma garrafa de Kombucha e, com os olhos arregalados, me dirigiu a palavra: "Pai, você só pensa em cerveja, essa bebida está bombando por aqui, esquece de importar cerveja para o Brasil, vai acabar nos causando dor de cabeça com a Ambev, por que não pensa em industrializar Kombucha?"

Passei a olhar o mercado com mais carinho, assustei-me com tantas empresas e grande volume de produção. Convidei meu sobrinho, o Ricardo, também sócio na importação das cervejas Novo Brazil, para conhecer a cervejaria e explorarmos juntos o mercado de Kombucha em San Diego (CA). Ele voltou com nossas primeiras Scoby (Symbiotic Culture of Bacteria and Yeast), culturas de bactérias e leveduras, e ainda com as malas cheias de amostras de chá. Presenteei-lhe com um livro todo ilustrado, dando boas dicas sobre Kombucha. Brincando, disse a ele que ia terceirizar a leitura, era para grifar os principais temas sobre a fermentação principal. Apaixonamo-nos loucamente pela nova bebida. Hoje, junto com meus filhos, Ricardo e Renato, este o vendedor mais energizado que já conheci, estamos bagunçando o mercado de bem-estar. A bebida é linda, sem glúten, taxa de açúcar e calorias irrelevantes e ainda com probióticos naturais. Esses asiáticos que difundiram o chá e criaram a Kombucha são mesmo admiráveis!

Estamos recriando a bebida nas terras brasileiras, com todas as cores, sabores e aromas que conhecemos. Particularmente tenho empregado tudo que aprendi fabricando sucos, refrigerantes e cervejas. De novo fermentando sonhos com a "KHäppy".

Durante o tempo que estou levando para escrever estas linhas, ouço o som das marretas quebrando a planta piloto para dar lugar a uma planta industrial, maior, para atender a nova geração, ávida por vida saudável e bem-estar. Estou impressionado como o Tiago, o Zé, o Renato e o Ricardo conseguiram viralizar a ideia, usando as redes sociais. E também a energia que empreendem para difundir novos ideais sobre saúde. Aqui, carinhosamente me chamam de Jovinho, estou na mesma idade deles. Nem me lembro mais do começo difícil, do pequeno capital, pegando touro pelo laço, dos rebites cardíacos que uso diariamente. Só vou ajoelhar na vontade de Deus. Agradeço à Ustane, meus filhos e suas lindas companheiras, aos meus pais e avós, todos eles grandes incentivadores. E também aos grandes companheiros com quem sonhamos e sonharemos ainda por vários anos. Quero sempre abraçar nossos jovens e contribuir com a geração de empregos e novas experiências. Nosso país sempre precisará das pessoas talentosas e com capacidade de empreender. Eta futuro gostoso!

Missão empreendedora:
seu negócio transformando vidas

Helê Pinelli

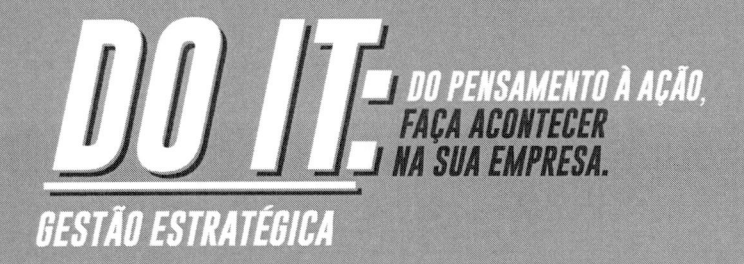

DO IT: DO PENSAMENTO À AÇÃO, FAÇA ACONTECER NA SUA EMPRESA.
GESTÃO ESTRATÉGICA

HELÊ PINELLI

Casada, mãe de três filhos. O perfil empreendedor e a busca por melhor qualidade de vida foram fundamentais para o sucesso em diversas áreas de atuação. Empresária no mundo da moda, estética e beleza; franqueada de uma das cinco maiores redes de alimentação do mundo; diretora nacional executiva de vendas independente da Mary Kay. Formada em Coaching Integral Sistêmico pela maior instituição de formação de *coaches* das Américas. Na carreira independente Mary Kay, conquistou muitos reconhecimentos, como quatro carros cor-de-rosa e viagens a destinos inesquecíveis: África do Sul, Ilhas Maurício, Austrália, Nova Zelândia, República Checa, Áustria, Espanha, Portugal, Alemanha, Hungria, Suíça, França, Itália, Estados Unidos, Marrocos, Turquia, Mônaco, Singapura, Grécia, Uruguai e Argentina. Com enorme destaque na carreira independente Mary Kay, acompanha e lidera milhares de mulheres e ajudou a conduzir quatro delas ao topo da carreira independente Mary Kay.

Introdução do capítulo

....

Conforme escrevi no livro *"Phases – transformando empreendedores em empresários" (Editora Leader)*, no capítulo Missão, do qual sou o coautor, a missão deve ser definida tanto na vida profissional quanto pessoal. Claro que, em razão de crenças, aprendizados e crescimento pessoal, a missão de sua vida profissional muitas vezes acaba passando pela sua missão na vida pessoal. O contrário também se constata, o que não poderia ser diferente, uma vez que o ser é uno – singular, sem partes, indivisível. Carregamos todo o tempo sentimentos, alegrias e dores, que influenciam nossas ações pessoais e profissionais, dependendo do nosso estado mental.

Por isso, é extremamente importante que nossa missão esteja de acordo com nossas crenças e valores, para que possamos ser fiéis a ela e coerentes com os princípios éticos e morais nos quais acreditamos. Os princípios éticos são aqueles que dizem respeito à sociedade como um todo, e os morais, os que dizem respeito a nós mesmos.

Chamo a atenção para a importância de definir a missão, tanto em nossa vida pessoal quanto em nossa vida profissional, e que ela esteja em acordo com nossos princípios e valores. Exatamente porque o tempo todo somos colocados à prova quanto às nossas crenças, nossa capacidade de superação, de suportar as adversidades e de continuar em frente, e, quanto mais provamos, principalmente para nós mesmos, que somos fortes e capazes e que não vamos nos desviar de nossa missão, mais resultados atingimos e mais sucesso alcançamos.

Como diz Helê Pinelli: "A verdade é que não podemos esperar sempre o apoio das pessoas, até mesmo porque elas, na maioria das vezes, só vão nos apoiar quando virem os resultados materializados. Nossos pais, amigos, filhos, cônjuges são importantes, mas não podem nos limitar a alcançar nossos objetivos! Você se garante? Precisamos dessa coragem única, de acreditar em nós mesmas [...]".

Acredite em você, acredite em sua missão, acredite em seu negócio! Somente assim, você estará transformando vidas.

Mário Mateus

Contarei um pouco da minha história mais recente, nem sempre em ordem cronológica. Vamos lá!

Eu sempre notei que existem dois tipos de pessoas no mundo: aquelas dispostas a fazer acontecer e aquelas que esperam que algo ocorra. A principal diferença entre esses dois tipos de pensamento está na atitude das pessoas, pois acredito que, mais importante do que escolher o que fazer, é fazer com excelência o que precisa ser feito. Isso vale tanto para o lado pessoal quanto profissional.

Liberdade financeira e independência têm sido o meu foco em todas as minhas atividades. Quando comecei a vender cosméticos, ainda jovem, em 1991, não media esforços para sair nas ruas e bater de porta em porta, sempre carregando um largo sorriso, para encantar a todos. Quando percebi que uma pronta entrega me traria maior lucratividade, transformei a sala da casa dos meus pais em uma pequena loja, já que ali era o único local disponível naquele momento. Isso foi há quase 30 anos, e jamais poderia imaginar que o encontro com outra empresa no ramo de cosméticos, em 2006, iria revolucionar minha vida.

Acredito que, como todo ser humano, diversas foram as objeções que encontrei; mas a vontade de ter algo melhor para meu futuro sempre falou mais forte. Mesmo quando problemas iam surgindo, eu ia tentando contorná-los, acreditando que poderia ter um futuro melhor e que eu merecia esse futuro. A visão de futuro associada a uma oportunidade bem trabalhada pode mudar tudo.

Nem sempre estamos preparadas para novidades, sejam boas, sejam ruins. Muitas vezes, é preciso um tempo para assimilar tudo o que a vida pode nos proporcionar. O difícil é quando a vida não nos prepara um tempo para isso. É exatamente em momentos como esse que ter foco e visão pode fazer toda a diferença, pois o objetivo final bem definido mantém a nossa mente com foco no que deve ser feito. Assim tento levar meus dias, não importando as condições, e sim a decisão de querer e fazer algo melhor.

Sempre foi muito forte para mim o desejo de poder transformar outras vidas, assim como a minha tinha sido transformada quando trabalhei com vendas diretas. Esse é um trabalho que requer empoderamento e motivação diária, já que nem sempre as pessoas compram nossa ideia de primeira mão. E nem sempre as pessoas têm a resiliência necessária para atingir uma meta pessoal ousada. Por isso, acabam desistindo de seus objetivos com grande facilidade ao encontrar obstáculos que, naturalmente, surgem pelo caminho.

De uma jovem vendedora de cosméticos em Minas Gerais, a vida deu algumas voltas e passei a ser dona de uma loja de vestuário multimarcas na Bahia, onde continuei focada na satisfação do cliente final. Os detalhes, permanentemente, foram meu diferencial. O "faça-me sentir importante", isto é, basicamente tratar minhas clientes como eu gostaria de ser tratada, é algo que me acompanhava desde então. Não havia dia nem hora; muitas vezes eu ia à casa de minhas clientes sábado à noite para ajudá-las a escolher o *look* a fim de que elas pudessem sair lindas de casa.

Como a vida é muito dinâmica, outras novidades e oportunidades surgiram. Mudei-me da Bahia para Belo Horizonte, onde abri um nova loja multimarcas. Posteriormente, também em BH, montei uma clínica de estética. Nesse momento, foi preciso me reinventar, pois eu quase não entendia do ramo de estética. Acreditava na nova oportunidade, mas precisava me preparar para desenvolver bem o trabalho. Não adiantaria simplesmente gerenciar pessoas sem domínio técnico do que precisava ser feito. Busquei cursos e aulas práticas para aprender como fazer, mesmo que eu não fosse realmente "colocar a mão na massa". Como eu poderia cobrar um resultado sem conhecer todo o processo?

Embora tudo caminhasse bem na minha clínica de estética, passei a sentir uma inquietação enorme, no sentido de que gostaria de buscar algo diferente, algo que me desse ainda mais retorno. Não sei explicar de onde esse sentimento veio, contudo foi muito forte; cheguei até a compartilhar isso com meu marido, que ficou sem entender nada. Ele me perguntava: "Não está bom na clínica?" E eu respondia que sim, porém queria buscar outra fonte de renda. Mesmo sem saber exatamente o que eu sentia, dentro do meu coração sabia que algo ia surgir.

Meu retorno financeiro na clínica era razoável, ou seja, ajudava a cobrir as necessidades básicas da minha família, mas não dava para tudo que eu queria. E eu queria muita coisa! Eu pretendia proporcionar algo a mais para a educação e o lazer dos meus filhos. Também gostaria de ter uma geladeira sempre farta, com o que eu quisesse lá dentro, e não ter medo de que o dinheiro faltasse para pagar as contas no fim do mês. Em alguns anos, eu sabia que meus filhos iam me pedir para fazer um intercâmbio, visto que esse havia sido também um sonho meu. Sonhos para nossos filhos e pessoas próximas sempre nos movem, não é verdade? E os motivos acima foram um combustível muito forte para mim. Eu tinha sonhos grandiosos em mente.

Ainda com aquela inquietação que mencionei, um dia, em oração, disse ao meu marido: "Amor, não sei o que vou fazer; mas, com certeza, vou fazer algo que vai mudar nossa vida".

Deus foi tão bom que não abençoou somente a minha vida profissional, como também abençoou abundantemente a vida profissional do meu marido; em dois anos, nossa condição financeira mudou completamente.

Não sei precisar quanto tempo depois da minha oração, mas um dia, saindo da minha clínica, eu me encontrei com uma cliente, que até já tinha me sugerido experimentar alguns produtos da marca que ela vendia. Naquele momento em que a vi, me despertou uma curiosidade: será que aquilo que ela vendia dava dinheiro? Tinha algum diferencial? Como funcionava?

Mesmo sem saber se eu também me encaixaria no perfil da

empresa, eu a questionei, e a resposta dela me deixou ainda mais curiosa. Ela, então, me convidou para ir a uma reunião. Depois daquele momento, tudo em minha vida se transformou!

Numa segunda-feira pela manhã, um dia como outro qualquer, resolvi entrar de corpo e alma em mais uma nova empreitada, dessa vez no ramo de vendas diretas. O "sim" que dei não foi para a empresa; o SIM foi para a certeza de que aquela oportunidade era fruto de uma resposta de oração, e, então, eu a abracei com todas as forças. Fiz o investimento inicial usando o cartão de crédito do meu marido, e a ideia era pagar a fatura com a venda dos produtos.

Acredito muito na minha fé decidida, mas, mesmo com toda a certeza naquele momento, ainda estava com medo do novo. Logo antes de fazer a compra dos produtos que mencionei, liguei para meu marido sem saber se, de fato, queria o aval dele ou não. E se ele dissesse "sim"? Será que estava preparada para o "sim", o que significava fazer a compra e ter de vender os produtos?

Ele disse sim e, então, o sim foi de ambas as partes.

Realmente senti que deveria enfrentar algo novo, que tinha uma missão a cumprir. O fortalecimento da fé é algo diário, algo que precisa ser trabalhado cuidadosamente, e, como ainda sou falha em muitos pontos, mais uma vez me senti insegura quando a minha primeira caixa com produtos chegou: ao vê-la, sentei-me e chorei. Pensei: "Meu Deus... e se eu não vender?" Não existia um plano B, e sim um plano único. Como acreditava que aquela oportunidade era de fato fruto de resposta da oração, eu precisava fazer acontecer! Aí, entrei de cabeça nas vendas, comecei a trabalhar muito. Às vezes, ficava sem almoçar por dois ou três dias seguidos, isto é, tudo que eu fazia era visitar clientes e vender.

Claro que isso era exclusivamente por vontade minha; eu era independente em minha carreira, e uma das melhores coisas que podia fazer era vender muito e, com isso, conseguir um excelente retorno financeiro. Eu poderia ter aproveitado minha total independência de horário e ter trabalhado pouco, ou mais ou menos, mas meus sonhos eram grandes e eu queria alcançá-los rápido. Por isso aproveitei minha liberdade de atuação para trabalhar muito.

Por dois anos, eu me mantive conciliando meu trabalho antigo, na clínica, e minha atividade em vendas diretas, até que, em determinado momento, eu vi que, para voar, seria preciso me dedicar 100% e ter foco em apenas uma atividade. Como abrir mão de algo certo que eu já tinha, que era a minha clínica? Esse desapego não é comum na cultura brasileira. Eu sabia que a nova oportunidade era maravilhosa, que tinha algo grandioso nas mãos e eu sabia que o retorno era bom. Afinal de contas, eu estava atuando havia dois anos com meu negócio independente em vendas diretas, como já falado aqui, e eu queria mais. Eu sabia que podia mais. Um dia, em conversa com um amigo, ele me perguntou o que me impedia de me desfazer da minha clínica, visto que eu falava tão bem sobre a companhia de vendas diretas e sobre tudo o que eu podia alcançar lá, onde eu estava determinada a desenvolver uma carreira independente de ganhos ilimitados!

Naquele momento, eu tive o incentivo desse meu amigo, e isso aumentou minha coragem. Então, com um objetivo definido, fui trabalhando também minha mente para me automotivar a cada dia. Na minha história, eu convivi com muitas pessoas que me encorajaram, mas também tive muitas que riram e questionaram meus sonhos. Por isso, a automotivação, que evoluiu ao longo dos anos, foi muito importante para que eu conseguisse seguir em frente com muito trabalho e dedicação.

A verdade é que não podemos esperar sucessivamente o apoio das pessoas, até mesmo porque elas, na maioria das vezes, só vão nos apoiar quando virem os resultados materializados. Nossos pais, amigos, filhos, cônjuges etc. são importantes, mas não podem nos limitar a alcançar os nossos objetivos! Você se garante? Nós precisamos dessa coragem única de acreditar em nós mesmas. Ninguém quer ouvir lamentações; as pessoas gostam de pessoas alegres, otimistas e de sucesso e querem estar perto delas. No meio do trabalho duro, não existe nada comparável à automotivação para nos impulsionar, uma vez que os obstáculos são sempre contínuos, maiores que nossa previsão.

Uma carreira profissional depende de várias habilidades, e uma delas é saber onde procurar as respostas certas para o que é importante ao nosso negócio; respostas que não sejam vazias! O que eu, então, precisava fazer? Necessitava me capacitar para extrair o melhor do meu trabalho! Conhecimento não ocupa espaço, e eu sabia que, se dominasse tudo relacionado à minha atividade de vendas diretas, eu teria segurança em apresentar os produtos e efetivar as vendas. A atitude de capacitação e estudo visa ao sucesso, ou seja, faz parte de correr aquele quilômetro extra. Tudo o que eu precisava saber estava ao meu alcance, mas precisava estudar e, mais do que isso, colocar em prática o que tinha aprendido, visto que de nada adianta o conhecimento sem ação. Conhecimento é poder.

Sei que mais de uma década já se passou após o começo que narrei acima. Sei também que o país tem enfrentado, por três anos, grave crise econômica, o que impactou a tudo e a todos. Acredito, porém, que, indiferentemente do cenário do país, da política e da economia, somos os maiores responsáveis por nosso sucesso.

Uma mulher que tem prazer de se olhar no espelho é uma pessoa diferenciada. A minha realização começou quando me transformei. Poder me sentir bem e saber que poderia levar isso a outras mulheres foi a minha grande virada realmente. A possibilidade de realizar um sonho, vários sonhos, meus sonhos, sonhos das pessoas que eu conhecia, e mais: sonhos das pessoas que eu ainda não conhecia. Quando transformamos a vida de uma pessoa, somos capazes de ajudá-la a transformar a vida de outras. É como um dominó: um motiva o outro, e, de uma ponta a outra, podemos levar a renovação para muitas pessoas. Eu carregava comigo, e ainda carrego, uma oportunidade de aquecer corações para que sonhem.

Como iniciar um novo negócio? Primeiramente, é preciso ter a meta clara e muito bem definida. É preciso tangibilizar nosso sonho, para melhor visualizar a situação e tudo fazer sentido em nossa mente. Sobre isso, sigo esta diretriz: "Então o Senhor me respondeu e disse: escreve a visão e torna-a bem legível sobre tábuas, para que a possa ler quem passa correndo" (HABACUQUE, 2:2.).

Ao longo desses anos, minha jornada de aprendizado foi grande e vou compartilhar, a seguir, algumas diretrizes de sucesso que fizeram grande diferença em minha vida:

1. Sempre elaboro um Plano de Ação – o que eu quero? Como vou fazer? De quais ferramentas preciso? É preciso montar um planejamento para o sucesso e acompanhar o seu passo a passo. Não precisa ser algo complexo, mas é necessário que seja escrito.

2. Disciplina diária – é ter o Plano de Ação bem definido e organização e disciplina para segui-lo diariamente. Fazer uso de uma agenda (eletrônica ou em papel, a que for de mais fácil adaptação) e não abrir mão das atividades mais importantes. Aqui, neste ponto, oriento até mesmo que todas as noites já deixe por escrito as 6 (seis) coisas mais importantes para fazer no dia seguinte e não abrir mão de realizar todas elas, mesmo que contratempos possam surgir.

3. Atitude – mesmo às vezes não se achando capaz ou preparada, é preciso buscar. Buscar orientação, capacitação, conhecimento e ferramentas para alcançar o almejado. É ter coragem de fazer algo novo ou de refazer algo que ainda não deu certo.

4. Sonhar – a capacidade de desejar algo nunca alcançado ou até mesmo de melhorar algo que já tem. Sonhar é uma dádiva. Não me imagino vivendo uma vida sem sonhos. Resumindo, sonho para mim é como um sopro de vida e de esperança.

5. Fé decidida – é a certeza de que vamos alcançar todas as coisas. Talvez não em nosso tempo, mas no tempo de Deus, que é o tempo necessário que precisamos. É ter certeza de que Deus direciona nossa vida e que Ele nos conduz para o melhor.

6. Ter ENTUSIASMO (vem do grego "enthousiasmos" e significa "ter Deus dentro") é decisivo para mim. Uma das palavras que me conduzem e me lembram a todo instante do meu propósito.

Realmente, fui muito abençoada, pois não poderia ter conhecido uma empresa melhor para desenvolver minha carreira independente, para viver meus dias e cumprir minha missão, principalmente por dois motivos: o primeiro deles é que tenho liberdade de atuação, pois faço meu horário e sou dona da minha vida; o segundo, é o fato de ser possível buscar ganhos ilimitados; não há barreiras para meu crescimento. Hoje vivo as prioridades – Deus, Família e Carreira – e acredito que esses três pilares, nessa ordem, são a grande receita para meu sucesso e o de todos que caminham ao meu lado.

Não tenho nada que possa me diferenciar. Não sou boa para falar, sou tímida demais, não tenho facilidade para escrever ou para lidar com números. Será que tenho algum talento? Quando penso nisso, a resposta a que chego é que meu relacionamento com minhas colegas de trabalho é muito sincero e franco. De fato, amo esta frase e tento segui-la à risca: "A maior habilidade de um líder é desenvolver habilidades extraordinárias em pessoas comuns" (Abraham Lincoln).

Uma das metas mais claras que um líder deve ter é a de ajudar as pessoas a alcançar o que almejam; até mesmo porque, dessa forma, também ele vai alcançar o que quer. Na parábola dos talentos (Mateus 25:14-30), devemos fazer bom uso daquilo que Deus nos concedeu. Quanto mais fazemos isso e multiplicamos, recebemos ainda mais.

Como líder, tento enxergar o máximo de talento em todas as pessoas. Acredito que mais importante do que ter visão de negócio é ser uma líder inspiradora, o que torna tudo ainda mais palpável. Não há como ensinar alguém a ter sucesso sem saber como fazer, sem viver na prática as dificuldades e as vitórias do trabalho diário. É estar muito mais do que apenas envolvida; é estar totalmente comprometida!

O trabalho em equipe é muito proveitoso, mas, ao mesmo tempo, desafiador. Acompanhar uma equipe, perceber as suas fraquezas e ver o seu sucesso é realizador. Enxergar as pessoas com suas dificuldades e pontos positivos, visualizá-las e tratá-las com amor, fazendo de fato o outro se sentir importante, é uma das maiores qualidades que um líder pode ter.

As pessoas são mais importantes que o plano. Um líder depende da colaboração dos liderados, e o mesmo vale para o sucesso da empresa.

O toque pessoal, o relacionamento, o pegar na mão, o olhar nos olhos é algo que nunca deveria acabar. Espero que todos tenham realização em seu trabalho, que façam aquilo que acreditam ser correto, que trabalhem em uma companhia com missão e valores que estejam imbuídos em seus princípios de vida.

Como saber se essa oportunidade que hoje você tem em mãos é a certa? Sinto informar que a resposta para essa pergunta é um pouco mais complexa. A questão não é a empresa, a crise ou a oportunidade, e sim a sua decisão! Se vai dar certo ou não depende muito mais de você do que de fatores externos. O que você está disposto a fazer para alcançar seus sonhos?

A ousadia de tentar novamente é uma qualidade memorável. Abrace a oportunidade que você tem hoje. Abrace a oportunidade de um futuro melhor. Já foi dito que, se quer resultados diferentes, você precisa fazer coisas diferentes, ter atitudes diferentes. Faça isso com total doação, entusiasmo, esperança e fé decidida, confiante que o amanhã é uma página em branco de sua vida, esperando por uma nova decisão, uma nova história, uma nova fase de vida.

"Se você pode sonhar, você pode realizar!" (Walt Disney).

Quem sonha seu sonho com você –

A força das parcerias

Emílio Parolini

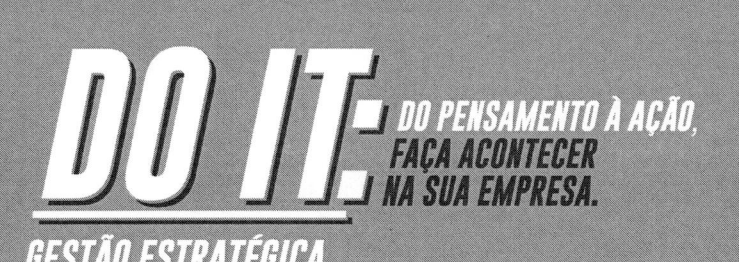

DO IT: DO PENSAMENTO À AÇÃO, FAÇA ACONTECER NA SUA EMPRESA.
GESTÃO ESTRATÉGICA

EMÍLIO CÉSAR RIBEIRO PAROLINI

Sócio-diretor da Padaria Pão Nosso em Araxá (empresa com tradição familiar desde 1910), ex-auditor externo na KPMG. Graduado em Administração de Empresas pela Fumec; pós-graduado como Agente de Desenvolvimento Cooperativista pelo Ópera: cooperativismo e associativismo - Centro Universitário Newton Paiva; educador financeiro associado à Abefin (Associação Brasileira de Educadores Financeiros). Ingressou no movimento associativista em 1997, na Associação Comercial, Industrial, de Turismo, Serviços e Agronegócios de Araxá/MG (Acia). Assumiu os cargos de 2º e 1º tesoureiro, vice-presidente e presidente da entidade. Na Federação das Associações Comerciais e Empresariais do Estado de Minas Gerais (Federaminas), ocupou o cargo de vice-presidente (2008-2013) e atualmente exerce a presidência (gestões 2014-2016 e 2017-2019). Ocupa ainda os cargos de vice-presidente na diretoria da Confederação das Associações Comerciais do Brasil (CACB); diretor no Sindicato e Associação Mineira da Indústria de Panificação (Amipão); e diretor na Associação Brasileira da Indústria de Panificação e Confeitaria (Abip).

Introdução do capítulo

- -

Lá pelo idos de 2000, tive a honra de ser presidente do Conselho Empresarial de Jovens da Associação Comercial de Minas Gerais, conhecido como ACMinas Jovem, sendo sucessor do meu grande amigo Hegel Botinha, coautor deste livro, e antecessor de Glaucus Botinha, também coautor desta obra.

Trata-se de um movimento associativista de grande relevância em minha carreira profissional, já que conheci pessoas que me ensinaram muito, que foram verdadeiros mentores para mim, amigos que eu trouxe para toda a vida. Executamos projetos que sozinho eu jamais teria sequer colocado no papel. Ali eu sentia que realmente, juntos, somos mais fortes.

Eu aprendi que o associativismo é uma forma nobre de afirmar valores e viver a cidadania plena e que as entidades são criadas por idealizadores de um mundo melhor.

Em um mundo que convida, cada vez mais, à individualidade, no qual frequentemente mais pessoas são levadas a viver cada um por si, é, sem dúvida, um ato de coragem e de grande dignidade humana o papel que assumem os dirigentes associativos. Pelo seu trabalho voluntário, esses contribuem para manter vivos os espaços culturais e de solidariedade profissional e social.

E uma dessas pessoas indubitavelmente é Emílio Parolini, que conheci em um dos projetos da ACMinas Jovem. Uma iniciativa que reunia várias entidades jovens, além da nossa, e também o CDL Jovem, o CIC Jovem e o Conselho Estadual da Juventude.

Emílio nos mostra adiante, e com mestria, quem sonha seu sonho com você, que isso não é uma questão de autoridade, mas de credibilidade. Ele enfatiza também a força das parcerias.

Mário Mateus

O que é realizar um sonho de vida?

....

"Tudo que um sonho precisa para ser realizado é alguém que acredite que ele possa ser realizado." "O sonho é a satisfação de que o desejo se realize." "Para realizar um sonho, é preciso esquecê-lo, distrair dele a atenção. [...]" "A possibilidade de realizarmos um sonho é o que torna a vida interessante."

Ao ler citações como essas de Shinyashiki, Freud, Pessoa e Coelho, respectivamente, percebo o quanto os sonhos permeiam a vida de todos e acabo por relembrar a minha história, os sonhos que tive, e realizei, e os que ainda tenho para realizar. E você, tem sonhos? Então, quais são:

Seus sonhos em família?

Seus sonhos profissionais?

Seus sonhos no mundo dos negócios?

Seus sonhos para nosso país?

E qual sonho seu poderia deixar um legado?

Quero aqui relatar um pouquinho da minha história, porque pude, tanto por meio do sistema associativista quanto pelos relacionamentos que construí desde cedo, participar de alguns sonhos e ver outros tantos se realizarem: sonhos meus e de pessoas com as quais tive a oportunidade de conviver – mesmo que por breves períodos.

Eu acredito na corrente do bem, na qual cada pessoa se integra num todo: o que eu faço certamente influencia as ações do outro. Por isso, que seja com elos do bem, para que se propague e transforme.

O que me levou a acreditar na força das parcerias

(Quando tudo começou...)

Vou fazer um retrospecto. Porque, ao contar sobre o que já vivi, mencionarei as parcerias e a importância de cada uma delas, em momentos e formas diferenciados, mas que me transformaram e ajudam a moldar minhas ações e quem eu sou.

A história da minha família está centrada no setor de panificação, com mais de um século de tradição, na cidade de Araxá, em Minas Gerais. Tudo começou com a chegada do meu avô, em 1910, vindo da Itália, ali se instalando. Dos seis filhos, somente meu pai, José, deu seguimento à atividade. Casou-se com minha mãe, Tereza, em 1923. Somos uma família de sete irmãos, sendo eu o sexto, além de dois filhos adotivos.

Comecei a trabalhar aos seis anos de idade na produção de pães. Aos oito anos, já sabia enrolar rosquinhas, junto com meus irmãos. Aos 12, entregava pão de casa em casa. Aos 14, já fechava a padaria com meu pai.

Bem..., aos 17 anos chegou a minha vez de ir estudar em Belo Horizonte. Passei no vestibular da Fumec no curso de Administração de Empresas.

E uma coisa que fiz durante boa parte da fase de estudante era pegar o que meu pai me dava a cada 15 dias, na época o equivalente a aproximadamente R$ 100,00, comprar doces em Araxá e revender em Belo Horizonte, conseguindo cerca de R$ 250,00. Assim, auxiliava nas despesas dos estudos e na minha estadia na capital.

Nessa época, fui estagiário na Fiat Allis, durante dez meses, e na Xerox do Brasil, por 24 meses.

No ano em que ia me formar, consegui emprego na KPMG, maior empresa de auditoria do mundo, depois de selecionado em um processo disputadíssimo.

Depois de três anos, ingressei no grupo Construtel/Batik, do setor de telecomunicações. Foram seis anos de muito aprendizado.

Somando todo o período na minha primeira fase na capital mineira, foram 13 anos e muitas experiências vivenciadas. Pude conhecer diversos setores empresariais. Isso me levou a constatar o sucesso que as empresas podem alcançar em função de parcerias – juntos somos mais fortes!

O convite para participar da Diretoria da Associação Comercial de Araxá (Acia) e o contato mais concreto com o associativismo

Em janeiro de 1997, voltei para a minha cidade natal, a fim de assumir os negócios da família e fazer uma revolução no conceito de padaria que até aquela ocasião existia em Araxá – implantei o autoatendimento. Foi um período de euforia e novidade na cidade; cresci muito – pessoal e empresarialmente.

Em março desse mesmo ano, recebi convite do meu grande amigo Emílio Neumann para ingressar na Diretoria da Associação Comercial de Araxá, no cargo de segundo-secretário. Foi aí meu primeiro contato real com o associativismo. Não sabia de nada até então.

A minha primeira pergunta ao "Xará" (como eu e Neumann nos tratamos) foi: "O que faz um segundo-secretário? Não tinha outro cargo mais fácil para eu assumir?". Ele simplesmente sorriu e disse: "Fica tranquilo, preciso de disponibilidade voluntária para ajudar no desenvolvimento de Araxá".

Mas, antes de seguir adiante nesta história, quero diferenciar dois conceitos, porque considero importantes para o conhecimento de cada um de vocês:

- *Associativismo empresarial:* é a mobilização de empresas com necessidades e interesses comuns que, a partir do compartilhamento de informações, da formulação de estratégias e da ação coletiva, superam dificuldades, vencem desafios e fortalecem a representatividade e a competitividade do setor. Um dos princípios básicos: busca de parcerias.

- *Cooperativismo:* é um movimento econômico e social, entre pessoas, em que a cooperação se baseia na participação dos associados, nas atividades econômicas com vista a atingir o bem comum e promover uma reforma social dentro do capitalismo.

Agora, algumas siglas e nomenclaturas, que talvez já conheçam, mas que gostaria de reforçar para diferenciar:

- *Associação Comercial e Empresarial (ACE):* trata-se de uma entidade de classe que tem por objetivo atuar na defesa dos interesses da classe empresarial e fomentar o comércio local, oferecendo serviços e produtos que agregam mais valor aos seus associados, promovendo cursos e palestras para vários segmentos e proporcionando diversos benefícios às empresas filiadas. Elas representam as áreas comercial, industrial, serviços, turismo e agronegócios.

- *Federaminas:* é a entidade que reúne e representa todas as associações comerciais e empresariais de Minas Gerais. Estas não fazem parte do "Sistema S", portanto, têm filiação espontânea.

- *Sistema S:* é formado por organizações e instituições relacionadas com o setor produtivo, como indústria, comércio, agricultura, transportes e cooperativas. As instituições do "Sistema S" não são públicas, mas recebem subsídios do governo (Sesi, Senai, Sesc, Senac, Senar, Sebrae, Sest, Senat e Sescoop).

■ *CACB:* Confederação das Associações Comerciais e Empresariais do Brasil, é formada por 27 federações representantes de cada um dos Estados, agregando mais de 2 mil associações empresariais no país e que se associam por adesão voluntária.

■ *Fecomercio:* Federação do Comércio de Bens, Serviços e Turismo do Estado de Minas Gerais, reúne sindicatos patronais dos setores de comércio e serviços e abrange o Sesc (Serviço Social do Comércio) e o Senac (Serviço Nacional de Aprendizagem Comercial).

■ *CDL:* Câmara de Dirigentes Lojistas, é uma entidade civil, sem fins lucrativos, criada para proteger, orientar e defender os direitos dos lojistas e de seus associados.

■ *FCDL:* Federação das Câmaras de Dirigentes Lojistas.

■ *FIEMG:* Federação das Indústrias do Estado de Minas Gerais, reúne sindicatos patronais do setor da indústria e abrange o Sesi (Serviço Social da Indústria) e o Senai (Serviço Nacional de Aprendizagem Industrial). Integram também o Sistema as instituições CIEMG e Instituto Euvaldo Lodi (IEL).

Ações associativistas que ampliaram minha forma de agir

Durante esse período de assimilação do movimento, tive o privilégio de participar de várias ações – setorialmente ou dentro do próprio município –, que considero importantíssimas para o meu crescimento pessoal e o desenvolvimento empresarial.

Em 2004, tive a oportunidade de fazer minha pós-graduação como agente de Desenvolvimento em Cooperativas – Opera na Fundação Newton Paiva. Foi uma das minhas melhores experiências de vida.

Outra atividade que me fez agir, pensar de maneira diferente e, acima de tudo, fazer o desenvolvimento de pequenos negócios foi minha experiência de cinco anos como presidente do Banco do Povo em Araxá – instituição de microcréditos.

Trata-se de uma Oscip (Organização da Sociedade Civil do Sistema Público), formada por representantes de várias entidades da cidade, que tem como objetivo emprestar dinheiro aos empreendedores de microempresas sem acesso às instituições financeiras do mercado. São valores que atualmente variam de R$ 500,00 ao máximo de R$ 5.000,00. De onde vem o dinheiro? Para cada real doado pela prefeitura, o BDMG e outras instituições financeiras emprestam três reais.

Tenho histórias reais que retratam o crescimento de diversos empreendedores, que, por exemplo, começaram como sacoleiros e depois abriram as próprias empresas, o mesmo ocorrendo com várias salgadeiras que investiram pequenos valores para ampliar a cozinha das casas onde moravam e depois expandiram os seus negócios.

Mas uma história é especial para mim: o desenvolvimento de um restaurante. Foram feitos alguns empréstimos, pagos rigorosamente em dia. Este é o diferencial dos empresários de microempresa: preocupam-se literalmente em preservar seu nome. O primeiro empréstimo foi de R$ 1.000,00, para pagamento em seis parcelas, com o propósito de adequar a cozinha da casa. Depois, R$ 2 mil destinados a adequar a garagem da casa com mesas e cadeiras, porque o movimento aumentava muito. Em seguida, R$ 4 mil para investir em outro local visando a expandir o atendimento e aumentar a cozinha. Esse é um exemplo cujo crescimento observei de perto porque frequentava o local com minha família nos fins de semana para comer o delicioso frango com macarrão.

Faço, aqui, menção especial a uma pessoa que me acompanhou muito nesse projeto. O Ferreira, que acreditou no desenvolvimento dos empreendedores de pequenas e microempresas e que foi meu grande amigo, apoiador, defensor.

Outro programa que tive a oportunidade de conhecer foi o *Empreender*, que vem ao encontro dos valores do associativismo, do trabalho em grupo, nos quais acredito.

O *Empreender* é um programa da CACB, em parceria com o

Sebrae, que visa ao fortalecimento da micro e da pequena empresa ao reunir empresários de segmentos semelhantes, no mesmo município, nos chamados núcleos setoriais. Neles, os empresários discutem os problemas comuns e buscam soluções conjuntas, com apoio de um profissional vinculado à entidade empresarial.

Mais uma experiência fantástica no movimento associativo empresarial foi a minha participação na criação do Conselho de Jovens da Acia. Como foi agradável e ao mesmo tempo desafiador. Nesse período conheci meu grande amigo, empreendedor e idealizador deste livro, Mário Mateus, além de Glaucus e Hegel, do qual também fazem parte, além de Marcelo Valadares e Wagner de Sá. Amigos que em vários momentos importantes da minha vida profissional estiveram presentes.

Participamos, juntos, dos projetos ACMinas Jovem, OAB Jovem, CDL Jovem e de outras instituições. E, para representar a AciaJovem, muitas vezes saía de Araxá no ônibus das 9h da manhã e retornava às 22h, somente para participar das reuniões em Belo Horizonte.

Em Araxá, participamos também de vários projetos nessa época. Quero destacar o da Empresa Amiga da Criança, da Abrinq (Associação Brasileira dos Fabricantes de Brinquedos). Foi um sucesso de parcerias e destaco a atuação junto com meu amigo Wellington Martins!

Agora como presidente da Acia –
A prática do associativismo no município

Após desempenhar os cargos de secretário, tesoureiro e vice-presidente da Acia, fui eleito seu presidente para um mandato de três anos. Até então, participava ativamente de todas as ações da entidade com muita determinação, muito empenho, mas não era o "dono da caneta". A responsabilidade ficou ainda maior. O desafio também.

Passei a liderar um grupo com vários líderes empresariais da minha cidade, sendo a maioria com mais experiência que eu. Confesso que no início suava a camisa ao conduzir as primeiras reuniões. Imagine-se no centro de uma mesa com mais 14 líderes (nossa diretoria era composta de 15 membros). Como liderar? Mas, graças a Deus, as coisas foram se acalmando para mim.

E aqui relato uma experiência vivida na primeira reunião da Diretoria que me fez crescer muito. Não somente eu, mas também o grupo, no qual a liderança e a confiança entre todos foi o ponto fundamental.

Para a primeira reunião, deixei tudo organizado, com um café diferenciado de boas-vindas, cada diretor recebendo seu cartão de visita, e tudo mais. Solicitei também à assessora de imprensa, sra. Regina Gaspar, que levasse para aprovação da Diretoria o nosso convite de posse. Ela preparou dois modelos, um mais conservador e outro mais inovador. O que eu fiz foi passar os convites para aprovação e, para minha surpresa, a minha escolha perdeu por 13 votos a 2. Somente eu e o vice-presidente aprovamos o convite mais conservador. Não houve margem para uma segunda votação.

Falei, então, para todos que essa votação seria o modelo da nossa gestão, na qual o bom senso e a maioria iam prevalecer, independentemente do voto do presidente. Isso fez com que a Diretoria participasse efetivamente das nossas reuniões. Só para ter uma ideia, a média de presença nas reuniões foi de 13 diretores toda semana. Estabeleceu-se uma confiança muito grande entre o grupo.

Buscando facilitar nosso trabalho, implementando metas de maneira organizada, contratamos uma empresa de consultoria para fazer o planejamento estratégico, ferramenta de grande importância para nós. A cada trimestre, reavaliávamos as metas, os nossos produtos e também o nível de satisfação dos associados.

Nem tudo, porém, era festa... Muitas vezes saí das reuniões preocupado com o seguinte: se o que estávamos fazendo era o correto. E, quando envolvia política, a coisa era outra. Estar no cargo de presidente também tem desgaste, e comigo não foi diferente. Se eu pudesse voltar atrás em algumas ações e debates, voltaria. Todos temos e fazemos política todos os dias. Somos políticos, sim, mas não partidários. Fazemos uma política sem politicagem. Isso é que faz a diferença...

Quando na presidência da Acia, houve eleição para prefeito na cidade. Dois momentos, na ocasião, resultaram em grande experiência para mim:

a) O primeiro se refere ao discernimento de um líder quando de eventual posicionamento de seu grupo. Nossa diretoria decidiu no início do ano que, diretamente, não íamos participar do processo eleitoral, e não manifestaríamos intenção de voto pela mídia. Próximo do dia do pleito, o candidato apoiado pelo nosso grupo não estava bem posicionado nas pesquisas, e então precisávamos divulgar o apoio do presidente da Acia, na condição de empresário local. Depois de muita discussão e pensando no grupo, uma vez que o representava, revelei meu posicionamento em entrevista à imprensa. Essa atitude causou a perda da presença da minha empresa entre os fornecedores da prefeitura, já que o candidato não foi eleito.

b) Contratamos uma empresa de consultoria para elaborar o Plano de Ação que abrangesse as necessidades do município em áreas como saúde, educação, turismo e infraestrutura. O objetivo principal era apresentar propostas aos candidatos a prefeito e conseguir o compromisso de sua execução pelo que viesse a ser eleito. Foram seis meses ouvindo as principais lideranças de cada setor, e ao final apresentamos o resultado à comunidade e aos quatro pretendentes ao cargo. Mas o eleito não executou as ações porque o planejamento não era dele, e sim da Associação Comercial.

Ainda a respeito da força das parcerias no âmbito do associativismo, destaco outro importante projeto no nosso sistema e que se estende a outras Associações Comerciais, que é a Câmara da Mulher Empreendedora da Acia. Trata-se de um órgão integrado por empresárias e profissionais liberais que atua agregado à entidade.

Uma das cadeiras da Diretoria da Acia é obrigatoriamente ocupada por uma mulher que representa a câmara. Trabalhar ao lado das mulheres é muito bom, traz ótimos resultados ao sistema e, ao mesmo tempo, mostra o importante papel delas no mundo dos negócios. A câmara da Acia foi uma das primeiras a atuar no Estado. Durante a minha gestão, dei ênfase a tal parceria e conseguimos excelentes resultados. Destaco, a propósito, a participação efetiva da minha amiga, irmã de fé, sra. Marinez Gotelip.

Criamos também a Fundação Cultural Acia, entidade sem fins lucrativos, apolítica, sem distinção de raça, cor, posição social ou religião, permanente na preservação dos valores humanos. Seus objetivos: promover eventos culturais, atividades de ensino e de pesquisa, seminários, palestras e ações de assistência social.

O órgão foi instituído no início da minha gestão, mas só poderia funcionar no exercício seguinte. Foi quando demos entrada no nosso primeiro projeto no Ministério da Cultura e não conseguimos aprovação em tempo hábil de fazer nosso Festnatal. Foi somente no final do meu último ano de mandato que realizamos esse festival, com muito sucesso. Movimentamos, então, em torno de R$ 750 mil em patrocínios.

Outra importante participação durante minha gestão como presidente da Acia foi a atuação efetiva na eleição da Diretoria da Federaminas em 2007. Araxá foi a primeira cidade do interior do Estado a pleitear a presidência da entidade estadual três anos antes (2004). E perdemos o pleito para a capital. Vale ressaltar que, desde a fundação da Federaminas, em 1964, até a posse da nova Diretoria em 2008, o presidente da Federaminas era o mesmo da ACMinas, que é a Associação Comercial de Belo Horizonte.

Em 2007, quando ainda estava presidindo a Acia, candidatos de duas cidades disputavam a eleição na Federaminas: um representando Ipatinga, e o outro, Divinópolis. Promovemos em Araxá um debate entre os candidatos, que até então não se conheciam, e cada um expôs seu plano para atuar à frente do movimento associativo. Foi um debate de altíssimo nível.

Após o debate, reuni a minha diretoria e os ex-presidentes da Acia para definir em qual candidato íamos votar. E por consenso decidimos apoiar o candidato de Ipatinga.

A decisão de Araxá foi seguida por entidades de várias cidades que estiveram conosco na eleição de 2004, quando Araxá concorreu à presidência. E considero que fizemos a diferença na eleição de 2007. Com isso, assumimos a Vice-Presidência Financeira por seis anos nos mandatos do então presidente eleito.

Agora, como presidente da Federaminas, a prática do associativismo no Estado

Nunca me passou pela cabeça ser presidente de uma Associação Comercial. Achava que era uma entidade que tinha de ter nessa cadeira somente grandes empresários da cidade. Agora, imagina presidir uma federação que congrega mais de 300 entidades. Deus me tem honrado nesse projeto.

Encontro-me, hoje, como presidente da Federaminas pelo quinto ano, ou seja, no segundo ano do meu segundo mandato. Na nossa federação, o mandato é de três anos, com direito à reeleição. Finalizo esta gestão em dezembro de 2019.

Conforme disse, fiquei seis anos como vice-presidente na gestão do Wander e pude acompanhar de perto o dia a dia de uma federação, a grande responsabilidade de, principalmente, liderar líderes, com interesses muitas vezes contrários àquilo que pretendemos. Mas aí chegou a minha hora de assumir a caneta. Em função da minha atuação, fui seu sucessor.

O lado positivo é a prática do voluntariado, ou seja, a paixão por desenvolver algo pensando no coletivo. Pensar em parcerias, em desenvolvimento local, pensar no ser humano como agente de desenvolvimento, pensar algo pelo próximo. Chegou a minha hora de assumir tudo isso e o faço com paixão. Porque acredito no associativismo, que pode mudar o ambiente em que o indivíduo está. É o associativismo que consegue agregar tudo isso.

Agora, como presidente da federação, meu universo se ampliou, e minha vontade aumentou ainda mais. Vou procurar, de maneira bem objetiva, relatar as experiências vivenciadas até o momento, e que não foram poucas. Eu acredito que, motivando as pessoas, contribuo para que saiam da zona de conforto e façam o diferencial em sua localidade. Os processos estão em todos os lugares, nas empresas, em casa, nas associações... mas, se as pessoas não estiverem motivadas, as coisas não acontecem.

Foi com base nessa linha de pensamento, no desenvolvimento das pessoas, que formatei os congressos da Federaminas realizados ao fim de cada ano. São três dias de muita energia, troca de experiências, *networking*, apresentação de *cases* de sucesso das Associações Comerciais e de produtos da federação para as associadas. E também momento de reconhecimento a cada empresário indicado por sua ACE, no evento do Mérito Empresarial.

Agora, quero relatar um projeto que acredito seja um diferencial para as cidades que queiram distinguir-se na comunidade. Trata-se do Pró-Município: destinado a alavancar o desenvolvimento local, incentivando a integração de esforços das principais forças da sociedade – entidades empresariais, poder público e sociedade civil -, o Pró-Município resulta de iniciativa por nós idealizada, com base em experiências bem-sucedidas realizadas em Araxá (Minas Gerais), Medellin (Colômbia) e Essen (Alemanha). O projeto permite a realização de um diagnóstico situacional envolvendo potencialidades e demandas prioritárias das comunidades de cidades-polo.

Ao realçar a força das parcerias, não posso deixar de assinalar a relevância das ações empreendidas pela Federaminas, com o apoio do Sebrae-MG. Tal atuação conjunta é de perfeita integração de forças a serviço do desenvolvimento das micro, pequenas e médias empresas e, por consequência, da economia mineira. Enquanto o Sebrae oferece todo o instrumental destinado a aprimorar a gestão desses estabelecimentos empresariais, a Federaminas disponibiliza a sua significativa capilaridade – constituída, como já mencionei, por mais de 300 Associações Comerciais localizadas em todas as regiões do Estado – para fazer chegar essas ferramentas ao empresariado mineiro.

A importância das conexões do meu propósito com o mundo e como deixar o meu legado

Como é gostoso ver o sonho realizado. O prazer é imensurável quando chegamos ao topo de mais um desafio, batemos a mão no peito e gritamos: consegui!!!!

Todavia, para as realizações desses sonhos, muitas coisas ocorrem, e nós não percebemos como deveríamos, e se percebemos não damos a atenção devida. Corremos, corremos, para deixar nossa marca. Só que precisamos sempre nos lembrar de ficar atentos aos detalhes e a quem está realmente conosco.

Eu acredito que, por trás e acima disso tudo, tem um Ser Superior que nos ilumina, protege e direciona a cada instante de nossa vida, de nossas conquistas, de nossas realizações, de nossos sonhos.

Colocamos metas e mais metas, prazos e mais prazos, mas precisamos de algo maior.

E aqui entra a conexão com a espiritualidade e, no meu entendimento, todos nós precisamos de DEUS. ELE que é soberano em nossa vida. ELE que nos dá a sabedoria diária para a realização de nossos sonhos. Eu agradeço e peço diariamente a ELE a sabedoria e o discernimento nas minhas ações.

Outra conexão importantíssima que nos acompanha diariamente, que participa das alegrias, das tristezas, das emoções, das glórias e também dos nossos fracassos, é a família. Como é importante sua participação! Ela que nos envolve, nos motiva, nos acolhe e nos impulsiona para a realização de nossos sonhos.

E aqui quero deixar o meu agradecimento à minha esposa,

Mariela, mãe dos meus filhos, minha companheira verdadeira, na vida e no associativismo, nas alegrias e nas tristezas. Obrigado por tudo que você fez e faz! Por acreditar nos meus sonhos de um mundo melhor. Te amo!

E aos meus filhos, Bernardo e Anabele, obrigado também por fazerem parte dos meus sonhos!

Eu acredito na corrente do bem. Eu acredito no associativismo. Eu acredito nos meus sonhos e nas parcerias com o empresariado mineiro.

Planejamento estratégico empresarial:

seu sonho com prazo para acontecer

Davi Almeida

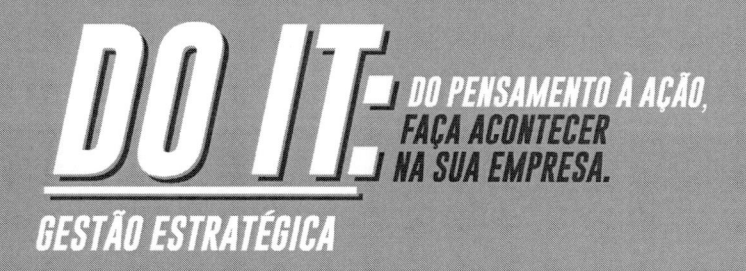

DO IT: DO PENSAMENTO À AÇÃO, FAÇA ACONTECER NA SUA EMPRESA.
GESTÃO ESTRATÉGICA

DAVI ALMEIDA

Empresário, graduado em Engenharia de Produção pela UFMG (Universidade Federal de Minas Gerais), atua há 13 anos como diretor da empresa 1001 Festas, maior rede de lojas de artigos para festas de Minas Gerais. Comprometido, trabalhador e ousado, ajudou a empresa a se consolidar no mercado, abrindo a maior loja de festas do Brasil em 2009 e a primeira loja-âncora de artigos para festas em shopping centers do Brasil em 2013.

Introdução do capítulo

....

Por que vivemos sonhando, mas quase não realizamos esses sonhos que nos enchem os olhos de vida, que nos colocam um largo sorriso no rosto e até fazem o coração acelerar? Talvez nós não acreditemos tanto assim em nossos sonhos. Talvez não queiramos pagar o preço por eles. Talvez achemos que somos incapazes de realizá-los. Possivelmente pensamos que estamos velhos demais ou novos demais, e com isso vamos ficando cada vez mais distantes do que mais queremos fazer.

Mas até quando vamos ficar colocando empecilhos em questões que nos fazem felizes? Até quando ficaremos arrumando desculpas e mais desculpas?

Já há alguns anos eu me reúno todo mês com um cliente para analisarmos seus números. Fazemos planejamentos estratégicos, trocamos ideias sobre gestão de pessoas e também falamos de liderança, alta performance e até da vida. Nessa oportunidade, eu tenho a honra e o prazer de encontrar, na grande maioria das vezes, com os sócios e os gestores da 1001 Festas – família maravilhosa, meus grandes amigos. Délcio, o pai, que considero um mentor para mim; Delcinho, Leonardo, Thiago e Davi, este último, o coautor deste capítulo.

Eu poderia discorrer detalhadamente da característica de cada um deles, uma vez que me considero amigo de todos. Por ser um bom observador, conheço bem cada um, mas, por motivos óbvios, falarei de Davi, que em toda reunião se dedica a ficar verificando detalhadamente os números e minuciosamente as contas do balancete.

Se você realmente quer e se é esse o seu sonho, então, lembre-se: NÃO EXISTE RECEITA PRONTA E NADA CAI DO CÉU!

Então, pegue um caderno e um lápis. Coloque nesse caderno cada sonho que você tem para a sua vida – *que é curta e pode passar, sem você ao menos perceber*. Enumere cada um dos seus sonhos por prioridade, reflita sobre cada um deles com carinho, e pense mais em como você poderá realizá-los.

Neste capítulo, você vai encontrar o método para isso. Quem vai lhe ensinar essa receita será justamente Davi, profundo conhecedor de planejamento estratégico. Baseando-se em sua experiência, ele muito poderá auxiliá-lo para que seu sonho tenha data marcada para se realizar.

Mário Mateus

Você já se fez algumas destas perguntas?
- Por que minha empresa não cresce no ritmo de outras empresas concorrentes?

- Por que há tantos anos eu tento, mas não consigo alcançar determinados objetivos?

- Por que eu almejo um lugar para a minha empresa, mas não consigo avançar nenhum passo em direção ao sonhado sucesso?

Se você já se fez algumas dessas perguntas, parabéns! Você está no caminho certo. Pelo menos idealizou algo, buscou alcançar seus concorrentes, traçou objetivos e almejou o sucesso. O primeiro e mais importante passo foi dado.

Para conseguir qualquer coisa em sua vida pessoal ou profissional, citando um nobre amigo, você precisa desejar, saber desejar e merecer. Ou, em outras palavras, você precisa ter vontade ativa, trabalho persistente e merecimento justo.

O querer é o primeiro e mais importante passo para conseguir algo. Precisamos ter desejos, sonhos e aspirações. É isso que nos move, que nos alimenta, que nos faz querer acordar cedo com vontade de viver o dia, de produzir, de crescer, de evoluir, de ser melhor hoje do que fomos ontem. É passo a passo, dia a dia, que vamos desejando, idealizando, realizando, merecendo e recebendo.

Para saber qual caminho percorrer para alcançar o sucesso, precisamos ter um objetivo, uma meta a ser alcançada, pois, como já dizia Lewis Carroll em *Alice no País das Maravilhas*, "para quem não sabe aonde quer chegar, qualquer caminho serve".

Apenas querer, porém, não é suficiente. Não basta ter apenas vontade, mesmo que seja uma vontade ativa. É necessário merecer;

é necessário um trabalho persistente e correto na busca pelos objetivos. Se fosse fácil, qualquer pessoa faria; todos seríamos bem-sucedidos. Mas somente quem persiste na busca pelos seus sonhos e trabalha muito duro por eles consegue realizá-los.

Há os que desejam, que muito trabalham, mas não alcançam os objetivos. Há os que estabelecem metas para a empresa, começam a trabalhar em busca delas, mas perdem-se pelo caminho. Idealizam, mas não realizam. Começam algo, mas nunca chegam ao final.

Não basta apenas desejar e estabelecer metas. Você já parou para pensar que, para um determinado concorrente crescer, ele deve ter se planejado? Você já considerou que, para alcançar determinados objetivos, passos precisam ser seguidos, metas e processos precisam ser estabelecidos, o mercado precisa ser estudado, suas forças potencializadas e suas fraquezas minimizadas?

Qualquer objetivo, para ser realizado, precisa ser planejado. Isso vale para a vida pessoal ou profissional. Pense em qualquer coisa simples, como uma viagem, por exemplo. Para você realizar uma viagem, você precisa planejá-la. O primeiro passo é saber para onde você quer ir: destino da viagem. Depois, você faz todo o planejamento da viagem. Qual meio de transporte utilizará para chegar lá? Avião, trem, ônibus ou carro? Se for de carro, por qual rodovia vai passar? Em qual hotel, pousada ou casa ficará? Quanto de dinheiro será necessário? Quando vai voltar? Se uma coisa tão simples como uma viagem necessita de planejamento, por que você não planeja tantas outras coisas importantes na sua vida pessoal e na sua empresa?

O planejamento estratégico empresarial é a melhor forma para você alcançar os objetivos da sua empresa. Com ele, sua empresa conseguirá alcançar o sucesso que tanto deseja. **Seu sonho terá prazo para acontecer**.

Há 13 anos, quando comecei a atuar na 1001 Festas, eu não conhecia o planejamento estratégico; não conseguia pensar, de forma estruturada, como a empresa deveria se posicionar e atuar em busca de melhores resultados e de melhor posicionamento no mercado.

O empresário, muitas vezes, direciona seu tempo na execução de tarefas operacionais e não se dedica ao planejamento futuro, perdendo a oportunidade de ver riscos e obstáculos que lhe seriam mostrados pelo planejamento estratégico.

Na 1001 Festas, não foi diferente. Até 2010, não tínhamos parado para pensar no nosso futuro. Tínhamos recém-inaugurado nossa segunda loja em 2009, após 23 anos de atuação com apenas uma loja no mercado de artigos para festas de Belo Horizonte. E até aquele momento não tínhamos definido com clareza aonde queríamos chegar.

O planejamento estratégico é uma ferramenta relativamente simples, mas muito eficaz, que orienta a empresa tanto no ambiente interno como no externo. E esse planejamento foi muito importante para a 1001 Festas conseguir crescer ao longo dos anos, aumentando sua participação no mercado: de duas lojas em 2010 para 11 lojas em 2018. Por meio do planejamento, a empresa estabeleceu uma interação com o ambiente capaz de orientá-la a aproveitar melhor seus recursos e potencializá-la na definição e na busca de seus objetivos.

Vivenciamos, na prática, o conceito de Michael Porter, que diz que, quanto menor a empresa, mais importante é a estratégia, pois as empresas menores são mais sensíveis às variações do mercado e, portanto, precisam perceber o ambiente competitivo com maior clareza e rapidez para garantir a sobrevivência nos negócios.

O planejamento estratégico, além de orientar na definição dos objetivos da empresa, estabelece o caminho para atingi-los. Mas não basta definir as metas; é preciso elaborar e implementar os planos de ação necessários para realizá-las e, além disso, controlar os resultados.

As metodologias de planejamento estratégico encontradas na literatura diferem pouco entre si. Nos diversos modelos propostos de planejamento estratégico, comumente encontramos as seguintes etapas:

1. Visão geral da empresa: definição de missão, visão e valores.

2. Diagnóstico estratégico: análise dos ambientes interno e externo da empresa.

3. Elaboração da estratégia para alcançar a visão definida.

4. Definição de objetivos e metas.

5. Definição do plano de ação ou método para implementar a estratégia, desdobrando objetivos e metas em tarefas e funções.

6. Controle e avaliação das estratégias implementadas.

Etapa 1. Visão geral da empresa: definição de missão, visão e valores

Esta etapa inicial é muito importante, pois a missão da empresa é sua razão de ser; é o motivo pelo qual ela está presente no mercado. Sua visão é o que a empresa espera para o futuro; é o que a guiará na busca por seus objetivos, permeada por seus valores. que são os princípios da organização.

O crescimento da 1001 Festas, que atualmente é a maior rede de lojas de artigos para festas de Minas Gerais, teve, nesta importante etapa, a idealização de que queria crescer, de que não ficaria no mercado com apenas duas lojas, e estabeleceu a seguinte visão: "Ser a maior e melhor rede de lojas de artigos para festas do Brasil, com qualidade, diversidade de produtos, preços competitivos e excelência nos serviços prestados, encantando e inovando sempre".

Etapa 2. Diagnóstico estratégico: analisar os ambientes externo e interno da empresa

Na análise do ambiente, uma ferramenta muito simples e comumente utilizada pelas empresas é a SWOT, sigla em Inglês para:

- *Strengths* (forças)

- *Weaknesses* (fraquezas)
- *Opportunities* (oportunidades)
- *Threats* (ameaças)

Nessa ferramenta, o ambiente externo é estudado para determinar as oportunidades e as ameaças do mercado, analisando a política, a economia e a tecnologia que afetam as organizações e estudando o conjunto de clientes, fornecedores e concorrentes da empresa. Enquanto isso, o ambiente interno da empresa é analisado para determinar suas forças, procurando potencializá-las, e suas fraquezas, procurando neutralizá-las.

Etapa 3. Elaboração da estratégia para alcançar a visão definida

É muito importante, nesta etapa, que a empresa observe qual é a sua estratégia atual e, ao definir a estratégia futura, atente para o que a faz bem-sucedida hoje. Deve-se também verificar o que está acontecendo na concorrência, bem como acompanhar as mudanças no mercado e na forma de consumir dos clientes, que estão cada vez mais criando hábitos de compras *online* e tendo seus desejos influenciados por conteúdos postados nas redes sociais, principalmente pelos usuários formadores de opinião.

Na etapa de elaboração da estratégia, a empresa pode buscar uma nova direção estratégica dentro do seu próprio negócio ou buscar desenvolver novos negócios.

De acordo com Igor Ansoff, a empresa pode adotar uma estratégia de crescimento geográfico que se desenvolve em duas dimensões: produto e mercado.

Quadro – Componentes da Estratégia de Crescimento Geográfico

Produto Mercado	Existentes	Novos
Existentes	Penetração no mercado	Desenvolvimento de produtos
Novos	Desenvolvimento de mercados	Diversificação

Fonte: Adaptado de *A Nova Estratégia Empresarial*

Nesta etapa, a 1001 Festas optou por três das quatro estratégias:

- Penetração no mercado, aumentando sua presença onde já atuava, através de estratégias de promoções e fidelização de clientes.

- Desenvolvimento de mercados, ampliando o número de lojas com o mix de produtos já existente e optando por implantar um *e-commerce*.

- Desenvolvimento de produtos, introduzindo, nas lojas, novas linhas de produtos complementares ao mix anterior.

Etapa 4. Definição de objetivos e metas

Uma vez definidas as diretrizes estratégicas da organização, e após importante análise ambiental e estudo de todo o cenário que envolve a empresa, é necessário quantificar os resultados a serem alcançados em determinado prazo, o que chamamos de objetivos. No entanto, o objetivo ainda é um conceito muito genérico. Mesmo que seja quantitativo, como aumentar o faturamento da empresa em 15% em relação ao ano anterior, ainda não direciona de fato nenhuma ação. Por isso, precisamos desdobrar os objetivos gerados em metas.

Por exemplo, para aumentar o faturamento da empresa em 15%, a empresa precisará das seguintes metas:

- Investir 1% do faturamento em *marketing*.
- Criar um cartão fidelidade com descontos exclusivos.
- Iniciar vendas pelo *e-commerce* etc.

Uma boa maneira para definir metas é utilizar a técnica SMART, evitando definições vagas para as metas. Essa técnica diz que as metas precisam seguir os seguintes critérios: ser específica, mensurável, alcançável, relevante e ter uma data realista para ser atingida.

Etapa 5. Definição do plano de ação ou método para implementar a estratégia, desdobrando objetivos e metas em tarefas e funções

Alguns métodos podem ser muito úteis nesta etapa, pois precisaremos colocar em ação os objetivos e metas estabelecidos. O plano de ação é um método simples e eficiente para o planejamento e o acompanhamento das tarefas necessárias para a implementação de nosso planejamento estratégico.

Outra metodologia importante e simples de ser seguida é o 5W2H, em que se buscam respostas para as seguintes perguntas: *What* (o que será feito?), *Why* (por que será feito?), *Where* (onde será feito?), *When* (quando será feito?), *Who* (por quem será feito?), *How* (como será feito?) e *How much* (quanto vai custar?).

Para os mais interessados no assunto, há outras técnicas mais completas que podem ser pesquisadas, como o Kanban, o Scrum e o Gerenciamento pelas Diretrizes, em que metas globais anuais são desdobradas em metas mensais em todos os níveis organizacionais.

Etapa 6. Controle e avaliação das estratégias implementadas

Nesta última etapa, avalia-se como a empresa está caminhando para a situação desejada. Para realizar esse controle, é necessário desenvolver processos de avaliação de desempenho, comparando o desempenho real com os objetivos, os desafios, as metas e os projetos propostos. Também é necessário que se faça a análise de possíveis desvios, tomando ações corretivas para saná-los.

É muito importante que o empresário esteja preocupado com o futuro da sua organização, trabalhando sempre neste ciclo, sem deixá-lo de lado durante o processo. O planejamento estratégico não precisa ser caro, complexo ou muito formal. Precisa ser objetivo e envolver as pessoas necessárias para a sua realização, sempre contando com a participação de todos os funcionários.

Infelizmente, as pequenas empresas utilizam muito pouco o planejamento estratégico, pensando que é uma ferramenta complexa, muito técnica, que toma muito tempo do empresário e que não traz os resultados esperados. Na verdade, deveria ser o oposto: o empresário deveria gastar mais tempo efetuando um bom planejamento, sem se esquecer da parte prática do seu negócio; deveria estar mais ocupado com as importantes decisões estratégicas e menos com a execução do operacional da sua empresa. Afinal, se você está ocupado fazendo sua empresa funcionar, quem está ocupado fazendo-a crescer?

Segundo Tiffany & Peterson, a receita e o crescimento das pequenas empresas que possuem planos estratégicos são, em média, 50% superiores em relação às empresas que não realizam algum tipo de planejamento.

Na 1001 Festas, o planejamento estratégico foi fundamental para estruturar o crescimento da empresa que, hoje, está consolidada no mercado com 11 lojas, sendo a maior rede de lojas de Minas Gerais em seu ramo. Mais importante que isso, a empresa conquistou, cativou e fidelizou seu cliente e é respeitada e admirada pelo trabalho de excelência e pelos produtos de qualidade, com grande variedade e preços competitivos.

E aí? Você vai continuar sem planejar o futuro da sua empresa ou vai colocar este belo plano em ação?

Gestão Financeira

Segurança e tranquilidade ao tomar decisões

Glaucus Botinha

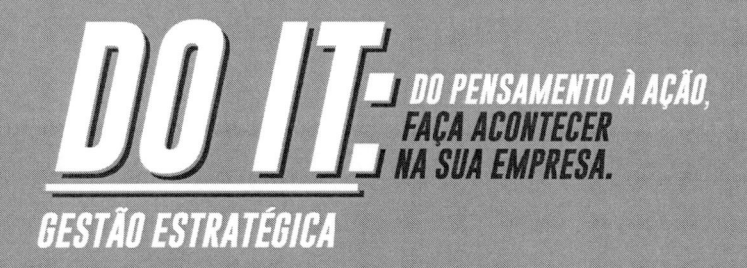

DO IT: DO PENSAMENTO À AÇÃO, FAÇA ACONTECER NA SUA EMPRESA.
GESTÃO ESTRATÉGICA

GLAUCUS PASSOS BOTINHA

Empresário, *coach* e palestrante. Natural de Belo Horizonte, atuou como empresário e sócio de empresas na área gráfica, de tecnologia e *internet*. É sócio-diretor do Grupo Selpe, formado por empresas nas áreas de Recursos Humanos, Tecnologia, Treinamento e Desenvolvimento. Graduado em Administração de Empresas pela UFMG (Universidade Federal de Minas Gerais) e com MBA em Gestão de Negócios pelo IBMEC, participou ativamente na formatação e liderança de movimentos de jovens empresários no Brasil, tendo sido presidente da ACMinas Jovem. Atualmente é diretor da Associação Comercial e Empresarial de Minas (ACMinas) e da Associação Brasileira do Trabalho Temporário (Asserttem). Atleta amador, buscador e estudioso de técnicas de autoconhecimento e autoliderança como "FreeMind – O poder da Mente Positiva", estudou Filosofia Budista e Psicologia Transpessoal na Índia. Possui formação em Coach pelo Integrated Coaching Institute (ICI).

Introdução do capítulo

....

Ao longo desta minha trajetória, de mais de 35 anos acompanhando empreendedores e empresários, não tenho medo de afirmar que a má gestão financeira é uma das maiores responsáveis pelo fracasso de um grande número de homens de negócios.

A gestão financeira é simplesmente a base para a sobrevivência de qualquer empresa. O empresário tem de saber investir o dinheiro que entra no caixa da empresa, fazer aplicações rentáveis, decidir sobre as linhas de financiamento mais vantajosas, quando necessário, controlar o fluxo de caixa, acompanhar o mercado financeiro e tudo mais que ocorre no seu negócio.

Um empresário que não entende a importância da gestão financeira na empresa tem grandes chances de amargar sérios prejuízos em pouco tempo. Como mudar essa rota que fatalmente levará a empresa ao vermelho? O primeiro passo, então, é reconhecer a relevância da gestão financeira.

O segundo é buscar a capacitação necessária, a fim de conduzir a gestão financeira na empresa e liderar com autoconfiança a equipe de colaboradores.

    Neste capítulo, Glaucus aborda com mestria o assunto e ensina, baseado em seus conhecimentos e em sua vasta experiência, um caminho que vai levar você, leitor, a desvendar os enigmas da gestão financeira.

    Boa caminhada!

Mário Mateus

Ao longo da minha trajetória empreendedora de vários aprendizados, sempre acreditei nesta tríade de valores: disciplina, foco e resiliência. Em conjunto com outros aspectos positivos, talvez seja essa a fórmula do sucesso da nossa empresa de recursos humanos, uma consultoria cinquentenária, fundada na década de 1960 pelo meu pai e mais dois jovens empreendedores recém-formados no primeiro curso de Administração da Faculdade UNA. Mas o que leva algumas empresas a construir uma história de longevidade e sucesso num país marcado por tantas dificuldades, onde quase um terço das empresas, segundo dados do Sebrae (Serviço Brasileiro de Apoio às Micro e Pequenas Empresas) e da FGV (Fundação Getúlio Vargas), não sobrevive aos primeiros dois anos? Por que algumas empresas alcançam a excelência e outras tantas não? Acredito que essas questões sejam o principal desafio e legado deste projeto.

Quando me foi apresentada a tarefa de levar ao leitor um pouco do conceito de Gestão Financeira, a primeira coisa que me veio à cabeça foi: como abordar um tema extremamente técnico e cheio de conceitos acadêmicos? Como trazer uma abordagem prática e interessante, gostosa de ler, em complemento aos inúmeros livros de gestão financeira, talvez a área de maior diversidade de publicações técnicas e ferramentas de conteúdo?

Degustado o desafio, compreendi que minha missão é mostrar que, por trás de todo esse aparato de ferramentas e conteúdos técnicos, o grande diferencial continua sendo a figura do empreendedor e a sua capacidade, no dia a dia, de superar as adversidades. De acreditar que uma empresa é construída para vencer e deixar um legado para a sociedade, seus acionistas e colaboradores. E focar nestes três pilares-chave para o sucesso. Disciplina positiva: um ato de ser constante na atuação e na busca de objetivos e no cumprimento da tarefa até o resultado final. Ter foco: estabelecer um planejamento, ser organizado e ter persistência para atingir as metas e alcançar o que se pretende. E resiliência: capacidade de nunca desistir, apesar das adversidades, mudanças e turbulências. Já dizia o filósofo grego Heráclito, 540 a.C: "Nada é permanente, exceto a mudança". E, no mundo empresarial, isso se aplica perfeitamente. Os momentos bons e ruins vão passar e temos de estar preparados para seguir em frente. Com base nisso, vamos caminhar nessa linha prática, numa jornada de experiência e aprendizado, para mostrar como podemos usar o dia a dia nas finanças para tomar decisões seguras e ter uma vida mais tranquila e próspera.

A importância do capital de giro

Naquele dia 19 de março de 1990, estava eu, um recém-universitário da Faculdade de Administração da UFMG, em mais um dia de trabalho no Grupo Selpe. Essa data foi marcante para mim, não apenas pelos meus 19 anos de idade – já trabalhava desde os 14 anos com meu pai –, mas por ser o primeiro dia após a decretação do chamado "Plano Collor", implantado pelo presidente da República, à época, Fernando Collor de Melo. Dentre outras medidas, o novo governo confiscou os recursos financeiros de empresas e pessoas físicas. De um dia para o outro, tínhamos disponíveis na empresa o máximo de NCz$ 50 mil (50 mil cruzados novos), algo menos que R$ 7 mil nas cotações atuais, para usar e custear as atividades da empresa.

Naquele momento, toda a nossa disponibilidade de capital de giro tinha se transformado em uma rubrica "receber a longo prazo". Eu já estava ambientado com a forma de trabalhar do meu pai, pois trabalhávamos juntos, na mesma sala. Meu pai era o modelo de empresário "pé no chão", corretíssimo em suas ações e investimentos. Ele havia construído uma empresa que tinha mais de 20 anos de atuação (na época) e muita solidez financeira. Naqueles dias, sofri junto com ele. Tínhamos uma folha de pagamento de mais de 300 funcionários, fora fornecedores, encargos, impostos etc. Pela primeira vez na minha vida, vi meu pai abaixar a cabeça e temer pelo futuro; um choro interno de medo e apreensão. Mas também veio, para mim, uma grande lição: a importância do capital de giro. Nesse momento, tínhamos clientes, vendas, contas a receber, renome, mas ficamos completamente à mercê de um mercado financeiro. Não fosse a credibilidade empresarial de meu pai e suas habilidades, não teríamos sobrevivido àquele momento especial.

Tenho um grande amigo e empresário do mercado imobiliário e adoro esta frase repetida por ele: "Uma empresa quebra não por falta de lucro, clientes ou receita, e sim por falta de capital de giro". Daí a importância que dou a esse tópico. Possuir disponibilidades líquidas suficientes, confortáveis, para gerir a atividade da empresa e uma boa reserva para eventualidades e dificuldades, tão naturais na vida empresarial.

Há uma fórmula simples para calcular seu Capital de Giro Circulante: CGL = AC - PC. Em que "AC" refere-se ao ativo circulante (aplicações financeiras, caixa, bancos, contas a receber, dentre outros recursos) e "PC" corresponde ao passivo circulante (contas a pagar, fornecedores, empréstimos). Há outras formas mais aprofundadas de verificar a necessidade de capital de giro de um negócio. Mas o importante é a disciplina. Entender que, em vários momentos da empresa, a reserva estratégica vai garantir tranquilidade e oportunidades de investimentos (compras, fusões, aquisições). É a famosa "Bala de Prata".

Temos basicamente três formas de financiar as atividades da empresa:

■ **Recursos de Terceiros - Mercado financeiro, empréstimos** - Nesse ponto, o cuidado é sempre avaliar e ter ciência de que vivemos em um país onde, em média, nas últimas décadas, a taxa de juros foi quase sempre superior a um dígito. Qual o tamanho do esforço do empreendedor para gerar resultados suficientes para bancar os juros e ainda gerar resultado para o negócio e os acionistas?

- **Recursos de Fornecedores** - Esta é uma ótima oportunidade de custo baixo. Provém da capacidade de a empresa alongar seus prazos de pagamento a fornecedores e contas a pagar e encurtar os prazos de recebimento, gerando uma fonte de financiamento a operações de curto prazo. Entretanto, esta modalidade funciona principalmente para grandes empresas que possuem poder de barganha e grandes operações.

- **Recursos Próprios - De acionistas e proprietários** - É importante ter sempre uma base sólida e segura para os diversos momentos da empresa. O fato é, como diz o grande empreendedor Jorge Paulo Lemann, controlador de empresas como AB Inbev, Burger King e Kraft Heinz: "O maior risco é não tomar risco. Não dá para ficar sem correr risco, senão você não faz nada". Equilíbrio, bom senso e muita persistência!

Estruturação do modelo de negócio

Vivemos um universo de "Big Brother" coorporativo. Nossas empresas e organizações são monitoradas 24 horas por mecanismos e sistemas de controle que fornecem ao mercado e ao governo um número grande de dados e permitem o cruzamento de informações. São inúmeros termos técnicos e dispositivos, como Dirf, DCTF, Dacon, Siscoserv, e-Social, Sped Fiscal etc. Somos o paraíso das obrigações acessórias, que atolam o empreendedor de tarefas que não contribuem para a geração de valor de seus negócios e que, se não atendidas, geram multas e passivos para a organização.

Somos também os campeões mundiais em burocracia. Dados referendados pelo Banco Mundial por meio de um relatório divulgado pelo órgão colocam o Brasil no topo de um *ranking* nada invejado pelas demais nações do mundo. No Brasil, as empresas gastam, em média, quase 2 mil horas/ano apenas com burocracia tributária. Segundo o mesmo relatório, gastamos mais de 100 dias para abrir um negócio no Brasil, sendo que em países como Nova Zelândia esse prazo é de apenas um dia. Prosperar neste cenário é o desafio. Para isso, o empreendedor deve possuir ferramentas sólidas de conhecimento e apoio nessa área. Aqui entra a figura do contador e a do advogado, parceiros fundamentais para o sucesso do negócio.

Temos lucro real, lucro presumido, Simples Nacional, empresas individuais. Onde e como enquadrar o modelo de negócio de forma correta e sustentável? Essas perguntas podem ser efetivamente respondidas com muito estudo e apoio de profissionais experientes, éticos e comprometidos. Invista nisso e as bases de sustentação de seu negócio ao longo do tempo estarão preservadas.

Construir uma organização de sucesso requer uma administração efetiva de passivos fiscais, tributários e trabalhistas. Um empreendedor de sucesso nunca deve descuidar disso, garantindo a paz e a tranquilidade pessoal. Dessa forma, afloram a criatividade e a excelência para gerar mais resultados e ideias inovadoras.

Equipe e pessoas: relacionamento construído na base da confiança

Se o objetivo é a segurança e a tranquilidade nas tomadas de decisão, impossível pensar em processos complexos e seguros que não sejam baseados na capacidade e na competência de um time bem formado. Conforme tratamos no tópico anterior, a grande maioria dos processos e procedimentos, hoje, é eletrônica e digital. Isso requer do empreendedor a tarefa de construir um time de colaboradores de absoluta confiança, capaz de operacionalizar todos os processos e procedimentos e entregar ao empreendedor a tarefa final das aprovações e assinaturas de segurança da organização.

Sempre coloquei muita atenção e foco nesse tópico e procurei, ao longo dos anos, priorizar uma equipe formada em casa. São profissionais que, na maioria das vezes, começaram a trabalhar como estagiários e, hoje, são gerentes, supervisores e coordenadores. Na área financeira, minha opção para atração e retenção de profissionais sempre foi primeiro priorizar os *soft skills* (fatores comportamentais, confiança, traços de caráter) e trabalhar os *hard skills* (habilidades técnicas, conhecimentos específicos da área e experiência) ao longo da carreira com treinamentos e incrementos teóricos. Com gente de absoluta confiança e processos seguros, a base estará feita para um crescimento sustentável e uma vida empresarial tranquila.

Ferramentas de controle e indicadores

Demonstrações contábeis são essenciais para que uma organização, sócios ou mesmo um novo investidor possam tomar suas decisões. Daí a importância já tratada em tópico anterior de um ótimo parceiro contábil. Entretanto, para que possamos ter uma visão clara e estratégica dos negócios é preciso avançar em um conjunto de demonstrativos e indicadores. O objetivo é ter sempre os números como aliados nas tomadas de decisão. Em resumo, são quatro os grandes grupos de indicadores: *indicadores de rentabilidade* (Ebitda, por exemplo), *indicadores de estrutura de capital* (avaliam o endividamento e a capacidade de gerar caixa), *indicadores de liquidez* (capacidade de cumprir as obrigações no curto prazo) e *indicadores de atividade* (medem a capacidade de geração de valor de cada serviço ou área da empresa). Particularmente, gosto muito de trabalhar e monitorar o indicador de rentabilidade, o famoso Ebitda, que mede a capacidade do negócio de gerar riqueza.

Outra ferramenta fundamental é um bom sistema de lançamentos financeiros e resultados gerenciais por área de atuação, serviço ou produto, ou unidade. Esse cruzamento de informações vai dar ao empreendedor a visão clara da margem de contribuição de cada área ou setor, facilitando identificar produtos e serviços de maior margem e valor agregado, áreas ou unidades deficitárias, por exemplo.

Não poderia deixar de citar também a importância da implantação de um eficiente sistema de orçamento; na minha opinião, a cereja do bolo. O regime orçamentário vai facilitar, ao empreendedor, a tarefa de delegação, controle e crescimento da organização, descentralizando as tomadas de decisão com segurança.

Administrar através do exemplo

Tempos atrás, fui convidado, por um empresário amigo, para ajudar a formatar e implementar a assembleia de funcionários de uma indústria que passava por graves desequilíbrios financeiros. O objetivo era sensibilizar os colaboradores para a grave situação da empresa e mobilizá-los para uma união em torno de ganhos de produtividade com o intuito de salvar a organização. Interessante foi observar, na prática, como eram conduzidas as coisas nessa indústria. Por exemplo, não havia saldo de caixa para honrar os compromissos de cestas básicas da equipe de produção; ao mesmo tempo, adubos e implementos agrícolas da fazenda do proprietário eram pagos com frequência pelo caixa da empresa. Esse modelo adotado por muitos empresários não é benéfico para a organização. Exceção se faz nos casos em que a legislação já prevê essa união (microempreendedores individuais, por exemplo). Cada papel na organização deve ser bem claro e separado. A remuneração do proprietário e do acionista se faz de forma distinta: a remuneração sobre o trabalho (pró-labore) e a remuneração sobre o capital (dividendo). E o principal: é trabalhando que se dá o exemplo e se implementa uma cultura de seriedade e transparência. No caso citado, como a equipe de colaboradores da indústria poderia ser mobilizada a enfrentar as dificuldades financeiras com o exemplo dado pelos donos do negócio? O exemplo vem de cima, e nas pequenas coisas do dia a dia. Isso funciona bem na casa da gente; e também no universo das organizações.

Finanças na economia digital e indústria 4.0

Não poderia finalizar esta abordagem sem tratar da grande mudança de era que estamos vivenciando. Uma transição de um modelo linear tradicional de fazer negócios para o modelo exponencial e tecnológico. São novos modelos e tecnologias adotadas que vão mudar nosso comportamento; e isso vai afetar o futuro das organizações.

É difícil prever o impacto na economia e nas organizações. Fomos preparados para pensar linearmente; por isso, somos péssimos em prever o futuro quando se trata de tecnologias exponenciais. Passaremos a conviver com uma cultura global, e as tecnologias serão capazes de fazer com que cada canto do mundo se conecte com o todo de forma rápida e instantânea. E de forma exponencial. As tecnologias farão com que a evolução das coisas seja extremamente rápida, num ritmo jamais imaginado. Já podemos começar a traçar cenários de como será o universo financeiro das empresas na nova era tecnológica:

- **Tecnologia com base:** ambiente de dados no qual a área financeira poderá executar seus processos de forma ágil, segura e eficiente. Muitos dados e informações disponíveis em tempo real.

- **Capacitação e melhoria do capital humano:** precisaremos ter pessoas melhores e mais bem preparadas para atuar nesse mundo em transformação e, acima de tudo, mudar a cultura das nossas organizações para trabalhar a diversidade de gerações, de gênero, e tantas outras. As ferramentas e a tecnologia estarão disponíveis em abundância e a custo baixo e será necessário capacitar nossos profissionais para operá-las.

- **Diversificação e acesso a fundos de investimentos:** um universo vasto de oportunidades de captação de fontes de investimentos em tecnologias, *crowdfundings*, fundos de *startups*. Em resumo: dinheiro mais acessível e barato para investir em ideias inovadoras e facilidade de captar sócios e investidores em nível global.

O universo financeiro das empresas é muito maior e mais complexo do que as seis dicas e tópicos que apresentei neste capítulo. Mas o que enobrece mais o ser humano do que a oportunidade do compartilhamento de ideias e experiências? Escutar de um empreendedor que um aprendizado foi fundamental na sua empresa ou que se lembrou deste livro em um determinado momento da vida. No mais, é acreditar sempre e mãos à obra. O mundo é pequeno demais para o tamanho dos nossos sonhos.

Gestão Estratégica de RH:
transformando indivíduos em equipes de alta performance

Hegel Passos Botinha

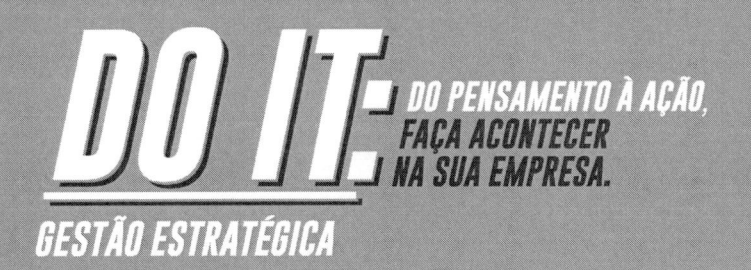

DO IT: DO PENSAMENTO À AÇÃO, FAÇA ACONTECER NA SUA EMPRESA.
GESTÃO ESTRATÉGICA

HEGEL PASSOS BOTINHA

É sócio-diretor do Grupo Selpe, organização com mais 50 anos de atuação no setor de prestação de serviços em Recursos Humanos. Formado em Administração pela UFMG (Universidade Federal de Minas Gerais), com MBA em Gestão pela FDC e pelo Ibmec. Possui grande experiência nas áreas de vendas, marketing, empreendedorismo e inovação. Como empresário, atuou em diversos setores como RH, gráfica, *internet* e marketing de rede. *Cofounder* em duas *startups* de RH (Recrutamento Inteligente e Advy.us). *Master coach*, mentor e palestrante em projetos de liderança, atua como instrutor pela organização chilena Condor Blanco. Participa, desde jovem, de entidades sindicais e de classe. Diretor emérito da ACMinas, ex-presidente da ACMinas Jovem e fundador da Confederação Nacional de Jovens Empresários (Conaje). Foi indicado como líder empresarial jovem pelo jornal Gazeta Mercantil.

E-mail: hegel.botinha@gruposelpe.com.br

Introdução do capítulo

Equipes são constituídas no momento em que determinado grupo de pessoas consegue incorporar, em sua dinâmica de trabalho, as habilidades de ser capazes de gerir os conflitos e ter maior capacidade de identificação com as suas funções e projetos.

Nem toda equipe está apta a elevar a sua *performance*. Muitas vezes, essa falta de desempenho faz com que ocorra atraso nas entregas, queda da qualidade e conflito entre os membros do grupo. Diante desse quadro, o perigo é começar a ter forte descontrole emocional no ambiente.

Muitos **líderes precisam conseguir engajar as pessoas de sua equipe para alcançar a alta *performance***, ou ainda, saber como transformar uma equipe já existente, buscando aumentar a sua *performance*.

O cenário é desafiador, como demonstra Hegel, em seu capítulo, uma vez que convivemos com gerações completamente diferentes. De acordo com suas palavras, "as gerações que hoje convivem entre si são os '*baby boomers*', a geração X e as gerações Y e Z, consideradas como '*millennials*'".

O líder tem de ser o exemplo. Como costumo dizer em minhas palestras, a palavra ensina, os números convencem, mas o exemplo arrasta.

O certo é que, nos tempos de hoje, liderar não é impor, mas sim despertar nos outros a vontade de fazer.

Mário Mateus

Assim que recebi o convite do meu amigo Mário Mateus para escrever este capítulo, logo me passou um filme pela cabeça. Voltei ao início da minha trajetória pessoal, tão conectada à história do Grupo Selpe, empresa que, com o DNA dos Recursos Humanos, forma equipes competentes e hoje está entre as maiores do país. Foi por meio desse contato que nasceu em mim, ainda menino, o gosto pela liderança.

Hoje, revendo tudo, enxergo vários momentos em que a vontade de fazer a diferença no mundo se manifestava nas minhas atitudes e nos meus pensamentos, desde os primeiros passos na empresa até a carreira de esportista, passando pela formação acadêmica e em qualquer outra atividade que exercia.

Tive a honra de conhecer líderes e mentores que até hoje me inspiram na gestão de equipes e como ser humano. O espírito de líder não é algo exclusivamente voltado para o mundo corporativo. Tem nuances pessoais; está ligado a um desejo de ajudar as pessoas a atingirem seu grande potencial, que todo mundo tem, mas que, na maioria das vezes, está adormecido.

A busca pela evolução deve ser incansável. E a real sabedoria surge quando conseguimos ser congruentes dentro de nós, na vida pessoal e na profissional. Por isso, desenvolver a autoliderança é imprescindível para qualquer gestor. Esse é um dos pontos que revisito todos os dias e do qual falaremos aqui.

Quando menino, eu passava os sábados na companhia do meu pai, no escritório da Selpe, em Belo Horizonte. Eu já tinha interesse naquilo que ocupava tanto o tempo do meu pai. Enquanto ele trabalhava, eu o observava. Aos poucos, ele me ensinava o ofício e despertava em mim um amor pelo que foi, por muito tempo, o propósito de vida dele.

Para me iniciar nas atividades da empresa, primeiro ele me deu fichas para serem colocadas em ordem alfabética. Depois, fiz de tudo; tinha curiosidade e interesse. Já havia uma busca interna nascendo em mim. Tive a carteira assinada pela primeira vez aos 14 anos. Fui carimbador, recepcionista, auxiliar administrativo e *office-boy*. Fui crescendo até chegar à posição de hoje, de sócio-diretor do Grupo.

Uma grande referência, e talvez a maior, foi mesmo meu pai, Tarcísio da Cunha Botinha, um dos fundadores do Grupo Selpe – Seleção de Pessoal Ltda. Era um homem incansável, que esteve à frente de muitos projetos de referência em Minas Gerais e que trabalhava com alegria de 12 a 14 horas por dia. Infelizmente, ele não está mais conosco, mas deixou o maior dos legados para nós, filhos: o exemplo de moral, ética, honestidade, empreendedorismo, capacidade de visão e inovação.

Fundada em 1965, a Selpe cresceu, transformou-se em grupo, transpôs desafios e se superou. Algo que meu pai e os sócios dele fizeram brilhantemente, mantendo-a sólida, com a rara qualidade de nunca ficar em dívida. Isso sempre foi prioridade para o meu pai. Ele até abriu mão de dividendos, sacrifício que muitos não pensam em fazer. Esse jeito dele é uma herança forte, pois a saúde e a preservação financeira do Grupo é sempre uma prioridade para nós.

Agora, o desafio é o Grupo Selpe se manter na vanguarda, num mundo disruptivo, chamado "Vuca" – *Velocity, Uncertainty, Complexity, Ambiguity*. Traduzindo: rápido, incerto, complexo e ambíguo.

Diante desse turbilhão, o redesenho tem sido permanente e os aprendizados também. Temos realizado mudanças internas, buscado compreender as necessidades dos clientes e nos reinventado.

Vimos que o que fez com que o Grupo passasse dos 50 anos de atuação não poderia ser mantido nos próximos anos. As estruturas rígidas, tradicionais, centradas em pessoas que detêm *know-how* não vão mais se sustentar. Tomamos consciência de que aquele modo de recrutar e gerir indivíduos não cabe mais. O método de análise de currículo e entrevista para seleção pode deixar um vácuo, ocultando o mais importante para uma empresa: o pessoal "perfeito" para a tão sonhada equipe de alta *performance*, aquela que persevera.

Hoje, as empresas não convivem apenas com duas gerações, como era antes, mas com três ou quatro. Compreender essa relação no mundo do trabalho é essencial, haja vista que a distância entre as gerações diminuiu de 25 anos para dez anos devido à aceleração no modo de fazer as coisas e à tecnologia. Isso significa mais interação entre pessoas com visões de mundo, conceitos e formas de viver diferentes.

As gerações que hoje convivem entre si são: os *baby boomers*, a geração X e as gerações Y e Z, conhecidas como *millennials*.

Os *baby boomers* vieram após a 2ª Guerra Mundial, quando os combatentes retornaram para casa, resultando em um súbito aumento (*boom*) no nascimento de bebês. Profissionalmente, prezam em conquistar carreira sólida. Valorizam a segurança, o poder, o saber e o permanecer. Trabalham muito; algumas vezes deixam a família em segundo plano. Estão em posições de poder: CEOs, diretores e autoridades.

A geração X conheceu muitas crises e viu os primeiros computadores. Sua frase típica é: "Deixe-me trabalhar para garantir o futuro neste momento incerto". É apegada a títulos e cargos, quer deixar clara a posição que ocupa e que é mérito do esforço que empreendeu. Apresenta mais resistência à tecnologia e não vai com tanto afã em direção à inovação. Possui a experiência dos mais velhos e o pique dos mais novos.

A geração Y é voltada para si, não quer trabalho sisudo, fechado ou ter chefe. Quer subir na carreira de maneira rápida e frequente. Vai atrás de seus sonhos e quer participar dos processos de mudança. Cada pessoa tem a própria forma de se fazer produtiva. Tem muita informação, mas não necessariamente está na gaveta certa.

Finalmente a geração Z; nasceu em meados dos anos 1990, já com a *internet*. Tudo tem de ser instantâneo. São impacientes e não gostam de ser contrariados. Não têm ideia de tempo e não dependem do olho no olho. Comunicam-se tanto de forma digital que ficam isolados. Têm ouvido seletivo e preferem falar com os amigos que com a família. São filhos mais independentes, já que os pais trabalham muito e não os acompanham.

O que ocorre é que surgem problemas quando todas as gerações se encontram nas empresas de forma não estratégica, pois cada uma tem um modelo mental, uma forma de se colocar no mundo e de se relacionar. Os mais velhos estão nas organizações há muitos anos, acostumados com mais hierarquia, e estranham a geração mais jovem, que questiona e não se apega a cargos. Situações de conflito que ocorrem nas empresas devido ao não entendimento das diferenças entre as gerações são, por exemplo, os equívocos nas políticas de navegação em sites e os modelos de reuniões.

Os conflitos entre gerações atrapalham o ambiente de trabalho. É importante que elas se respeitem. Os mais velhos devem perceber as mudanças e reconhecer que os atritos refletem a sociedade como um todo. Os mais jovens devem entender que as outras gerações também têm muito a ensinar.

A figura do líder é essencial para reconhecer e valorizar o que cada um tem a contribuir, reunindo as características de todos em um projeto estratégico da organização, eliminando feudos e criando sinergia, de forma a buscar um sincronismo entre as diferentes áreas. Algumas corporações têm criado espaços informais de convivência, acabando com encontros apenas no cafezinho. A sala do chefe sumiu, mostrando que todos têm espaço na organização. O *jeans* está liberado, e é possível trabalhar de casa. Surgem mais iniciativas de apoio a comunidades próximas. Disso emerge o processo de criatividade e as soluções que tiram as empresas da crise e possibilitam a inovação.

No Grupo Selpe, corremos uma maratona para acompanhar todas essas mudanças no mundo corporativo. Vimos a necessidade da mudança de *mindset* – de mentalidade – do "analógico" para o "digital". Entendemos que tipo de profissional passará a ser mais valorizado.

No mundo linear em que vivíamos, tínhamos as *hard skills* – habilidades técnicas, conquistadas em salas de aula, com livros e apostilas, ou no trabalho. Neste novo mundo, a exigência é a presença das *soft skills* – habilidades comportamentais e interpessoais. Em processos de recrutamento, a *hard skill* será a base, mas a determinante será a *soft skill*. É essencial avaliar não só o "cv", mas também o "vc". Empresas que compreendem isso são as que criam ambientes catalisadores de mudanças. Uma pesquisa de uma grande rede social, com mais de 4 mil pessoas – dentre desenvolvedores de RH, gerentes, executivos e empregados –, identificou a formação para *soft skills* como prioridade para o desenvolvimento de talentos.

No Grupo Selpe, adotamos alguns tipos de *software* e, com eles, temos em mãos ferramentas exclusivas que nos ajudam a avaliar não o currículo, mas a pessoa. Por isso, criamos esse ecossistema e entramos na era do *people analytics*. Não dá mais para trabalhar só na base do *feeling*; o gestor tem de ter indicadores para criar uma equipe de alta *performance*.

Assim, surgem novas perspectivas do RH para o futuro. Esse segmento está ficando mais estratégico. As novas gerações exigirão maior flexibilidade e os dados orientarão os processos de gestão de pessoas. A tecnologia apoia para resolver *gaps* essenciais para integrar informações e automatizar processos. Usar um bom *software* garante a escalabilidade da gestão.

Em meio a tantas tecnologias, o que terá mais peso será o que é humano, porque tudo o que for repetição a máquina vai fazer. Há coisas que somente o humano é capaz de realizar. A mudança de mentalidade é inevitável. É preciso jogar fora o que não cabe mais, abrir espaço para o novo. Um conceito conhecido como *The Golden Circle* mostra o segredo de grandes corporações como a Apple: não vendem apenas um produto, mas uma ideia; vendem o que as motiva; não vendem o "o quê", mas sim o "porquê". Por isso a importância de um propósito. Essas empresas descobriram o delas, e os clientes se identificam com ele.

O mesmo ocorre com o ser humano. Quando pensamos em gestão de equipes de alta *performance*, precisamos olhar o líder, que dará conta desse cenário; que conseguirá integrar o propósito da empresa com o propósito dos colaboradores e, consequentemente, com o dos clientes.

Aliado a tudo isso, vem o conceito de autoliderança. O líder é alguém que motiva pessoas, mas quem o motiva é ele mesmo. Ele precisa ser automotivado para conseguir engajar a equipe, transformar os cenários, expandir visões, gerar oportunidades. Precisa ter atitude proativa e ser líder da própria vida. Esportes, cursos, meditação e exercícios diários contribuem para essa automotivação.

O líder de equipe é protagonista, assume responsabilidades. Para motivar o grupo, ele precisa ter missão, visão, valores e sonhos claros. É diferente do espectador, que apenas vê os projetos, que empurra tarefas para as pessoas, que dá justificativas para não cumprir uma atividade ou um prazo. É importante combater ferozmente os vícios e os desvios.

Buscar referências com pessoas inspiradoras, na arte ou na literatura, é essencial. Tive a honra de ter como mestres o meu professor no MBA em Gestão José Lopes Agulhô; o *coach* executivo Lúcio Camilo; o *coach* quântico Osvaldo Aragol; e o fundador da organização internacional Cóndor Blanco, Suryavan Solar. Além deles, tenho grande admiração e gratidão por meu pai, já citado, e por minha mãe, Neusa Passos Botinha, uma mulher à frente de seu tempo. Com todos eles, fui descobrindo o meu propósito, de tocar as pessoas, fazer a diferença na vida delas.

Um dos segredos para formar equipes poderosas começa no que fazemos no Grupo: no recrutamento e na seleção, atraímos talentos certos para as funções. Quando a equipe é de pessoas extraordinárias, os resultados são extraordinários. O líder tem de apoiar os demais, e se formar como líder *coach* é imprescindível.

Conhecer os colaboradores é fundamental para o líder. É necessário encontrar o que motiva essas pessoas, o que as faz trabalhar com amor, quais as paixões e os sonhos delas. Ajuda mais ainda se o propósito do colaborador estiver alinhado ao objetivo da empresa. Equipes empoderadas focam nas soluções. Essa é uma das chaves para os resultados efetivos.

O líder precisa ter empatia, comunicação assertiva e positiva. Ele deve fazer perguntas para confirmar, se certificar de que a pessoa entendeu. Nada é tão óbvio. Ele precisa inspirar os colaboradores para que atuem em conjunto na elaboração de metas desafiadoras, possíveis e alcançáveis, de forma que se sintam também responsáveis pela construção dos objetivos.

Recrutar e selecionar bem, conhecer a equipe, motivar e estabelecer metas realistas.

Falamos de alguns passos rumo à equipe de alta *performance*. Para isso, a organização deve acompanhar o próprio desempenho no contexto em que atua e ter indicadores que sinalizam os resultados que ela deseja alcançar.

Há também os fatores sabotadores, como falta de preparo, má organização e distribuição das funções, metas incorretas, falta de comunicação e de visão clara. É muito fácil cair em um desses fatores. Por isso, o alerta tem de ser permanente, e o bom líder deve estar à frente dessa observação.

Outro elemento importante é o *customer success*, ou seja, o sucesso do cliente. Toda a equipe precisa ter a visão do quão importante é o cliente. É ele quem paga os salários e as contas. Portanto, temos de olhar com os olhos do cliente; temos de ter foco e paixão por ele.

O que mais motiva as pessoas, principalmente os *millennials*, é o *feedback* como uma cultura. O objetivo desse mecanismo é gerar bons resultados e bons relacionamentos, ver o que está contribuindo com a empresa e trabalhar os pontos em desacordo. Não é uma crítica, mas um presente. Quando damos *feedback*, temos de fazer isso com o coração aberto. Quem o recebe também precisa encará-lo positivamente.

As empresas com mais facilidade para atrair talentos são as que sabem que as novas gerações muitas vezes preferem ganhar menos para trabalhar numa corporação alinhada com o propósito delas. As organizações que mais prosperam são as que conferem liberdade e responsabilidade aos colaboradores.

Também é importante reter talentos. Quando ninguém falava em repartição de lucros, já havíamos adotado essa política no Grupo Selpe. Para nós, não bastava receber os resultados; era necessário dividi-los com os colaboradores. Não somos uma empresa familiar, mas uma família empresarial, com visão focada nos negócios, contra privilégios de qualquer natureza.

Para as empresas sobreviverem, elas precisam passar uma lupa em processos, setores, colaboradores, atribuições, resultados, ver tudo o que está sendo feito e, se possível, o que não está sendo feito para promover mudanças. Não existe nada que não possa ser melhorado.

Mudar cultura, quebrar paradigmas, romper muros são processos dolorosos e difíceis. Quando vimos que teríamos de passar por eles, foi complexo. Enxergamos isso inicialmente com certa dor, mas agora reconhecemos que estamos fazendo tudo com coragem e que está dando certo.

Na nossa busca, encontramos a AssessFirst, uma ferramenta inovadora que trouxemos da França. É um modelo baseado em dados e que já nasceu com *mindset* digital.

Com essa ferramenta de recrutamento preditivo, conseguimos identificar pessoas com alto potencial de crescimento, *performance* e geração de valor, avaliando o propósito que as engaja à cultura de cada uma das organizações, e trazer à tona o *match* dele, ou seja, a oportunidade de carreira que tem mais aderência com o perfil em questão.

Ser Solution Provider do AssessFirst no Brasil foi um grande passo dentro dos processos de mudança pelos quais estamos passando. Com certeza, isso vem provocando grandes transformações estruturais dentro da meta de criar equipes de alta *performance*, poderosas, que absorvi nessa trajetória.

Estamos preparados e confiantes para mais uma etapa de vida. Cada dia mais confiante em estar alinhado com o meu propósito, que é apoiar milhares de pessoas a serem mais felizes no trabalho. Unir trabalho e propósito será fundamental daqui para frente.

Tenho muita honra e satisfação em estar à frente do Grupo Selpe junto com os sócios, os diretores e a equipe, empregando a sabedoria que absorvi nessa trajetória. Sei o tamanho da minha responsabilidade, ainda mais num momento tão complexo como o que vivemos. São enormes os desafios, mas eles não me assustam, porque, dentro de mim, ainda vive aquele menino curioso, destemido; aquele que vai e consegue. Agora, mais uma vez aprendendo e trabalhando firme para redesenhar nossa cultura empresarial: com propósito, jovem, colaborativa, divertida, mas que nunca deixará de ter o cliente e os resultados como focos principais.

O Poder da Comunicação
A inteligência vem da comunicação, a sabedoria vem da emoção

Thereza Ferreira

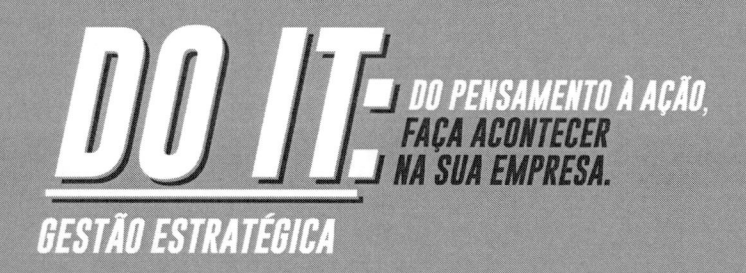

DO IT: DO PENSAMENTO À AÇÃO, FAÇA ACONTECER NA SUA EMPRESA.
GESTÃO ESTRATÉGICA

THEREZA FERREIRA

Formada em Administração - Gestão Pública, especialista *master* em PNL, *master coach* de carreira, empresária no ramo de treinamentos e na área de gestão pública. Especialista em Inteligência Emocional, com estudo continuado há 17 anos, tem vasta experiência em formação de polos industriais em cidades de baixo IDH-M

Introdução do capítulo

• •

Por que algumas pessoas têm maior poder de influenciar do que outras?

Por que uma pessoa consegue convencer outras pessoas a seguirem um determinado caminho e outras não, sendo que muitas vezes elas queriam a mesma coisa?

O segredo está na comunicação, no que a pessoa fala e como ela fala.

Comunicar é partilhar, participar algo, tornar comum. É através da comunicação que os seres humanos partilham diferentes informações, tornando o ato da comunicação uma atividade essencial para a vida em sociedade.

Quando a comunicação se realiza por meio da linguagem falada ou escrita, denomina-se comunicação verbal – forma de comunicação exclusiva dos seres humanos e a mais importante da sociedade.

Mas, como muito bem nos demonstra a minha querida amiga Thereza, mestre na arte da comunicação, há outras formas de se comunicar que são extremamente importantes para que possamos expressar nossas emoções: gestos, expressões faciais, imagens ou apenas o silêncio. Muitas vezes, elas dizem mais que muitas palavras.

Thereza nos ensina bem que o poder da comunicação é a base fundamental para o sucesso.

Mário Mateus

"Quem não se comunica, se trumbica, e como fica? Fica na saudade, fica..."

Essa frase, cantada em verso, prosa e samba, marcou o início do meu ano de 1987, quando eu tinha 16 anos, e até hoje ela se mantém viva na mente de milhões de brasileiros.

Era carnaval, e eu, com apenas 16 anos, experimentando as primeiras sensações da liberdade – pois estávamos nos primeiros anos da democracia –, assistia atentamente ao carnaval do Rio de Janeiro pela TV. Isso mesmo: carnaval pela TV – para mim, isso era uma superconquista, uma vez que tudo era proibido.

Lembro-me de que minha vida já tinha algumas marcas – algumas profundas, outras nem tanto – e esse carnaval seria mais uma. O refrão do samba-enredo cantado pela Escola de Samba Império Serrano ecoava em minha mente. Em um primeiro momento, soava como uma grande piada, já que a palavra "trumbica" era engraçada e totalmente nova pra mim, mas, aos poucos, ela foi saindo do campo da razão cômica e foi entrando no campo do sentimento; campo esse ainda totalmente desconhecido.

Primeiramente, passei dias cantarolando o refrão. Às vezes cantava por simples lembrança e simpatia pela melodia, outras por algum sentimento que eu desconhecia. O fato é que eu já usava o refrão para mandar algum recado ou dizer a alguém, de forma engraçada que sua comunicação era péssima.

Nasciam ali os meus primeiros passos em direção à arte da comunicação.

Dos meus 16 anos até hoje, aos 47, aprendi que a ARTE DA

COMUNICAÇÃO nasce com a gente. Desenvolvê-la ou não é uma escolha, e usá-la a nosso favor é, sem dúvida, um comportamento de inteligência emocional.

Neste momento, quero trazer a você, caro leitor, a consciência do poder que habita na sua comunicação. Se você conhecer, entender e usar todos os canais de comunicação que o ser humano normalmente usa, você poderá se destacar, melhorando consideravelmente sua *performance* na ARTE DA COMUNICAÇÃO, e se tornar um grande gestor da forma mais estratégica possível.

Canais de comunicação

Canal auditivo - As pessoas que se comunicam por esse canal usam mais a escuta. A fala é armazenada e gera sentimentos e as imagens são formadas a partir do que ouvem.

Talvez você já tenha percebido: às vezes, ao conversar com alguém, mesmo estando na sua frente, ele pede repetidamente que você ouça o que ele está falando.

Pessoas que utilizam esse canal de comunicação normalmente inclinam o ouvido em direção à pessoa ou ao aparelho de onde ecoa alguma voz.

Canal visual - Esse é o canal das pessoas que precisam de uma imagem para entender melhor ou mais rápido o propósito da conversa.

Geralmente, essas pessoas usam muito o verbo VER e dizem, de forma graciosa e peculiar: "Veja o que estou lhe falando".

Canal cinestésico - Esse é o canal das pessoas que gostam do toque. Nessa comunicação, usar o verbo SENTIR é bem eficiente na compreensão. Exemplo: sinta que o que eu estou dizendo é real.

Não podemos nos esquecer de que não só o diálogo é um instrumento de comunicação. As expressões faciais, os gestos, o corpo, a fisionomia, tudo isso compõe a comunicação.

Mas vamos falar da comunicação que, mesmo de olhos bem fechados e ouvidos tampados, acontece de forma profunda todos os dias, a qualquer hora e a qualquer minuto, na nossa mente.

Intracomunicação

Comecei a trabalhar muito cedo em um pequeno comércio da família. Engraçado falar "família", porque podíamos ser qualquer coisa, menos uma família. Minha mãe não se fez presente; ela escolheu viver seus sonhos e nos deixou com meu pai. Eu, a única menina e filha caçula, assistia atentamente a quatro talentos masculinos (meu pai e três irmãos) se entenderem e desentenderem na mesma velocidade.

Meu pai, homem de fibra e considerado de difícil comunicação, trazia o sustento da família mediante muito trabalho. Empregado de uma indústria automobilística, ele trilhava o caminho do sucesso mesmo sem saber como a comunicação poderia ajudar e multiplicar os resultados. Aos poucos, ele foi usando suas habilidades sem ter consciência de como elas se apresentavam e, com elas, adquiriu um pequeno comércio. E lá em 1981 começava a minha odisseia na terra da comunicação.

Eu passava horas atrás de um balcão, vendendo de prego a chocolate, de arroz a chinelo, e tinha ali várias oportunidades de comunicação. Atendia qualquer cliente: mulheres com fisionomia sisuda, com marcas profundas no rosto ou com olhos que traduziam amor; homens que se confundiam com meninos, outros que conversavam comigo, mas não me enxergavam, e alguns que me enxergavam até demais; e crianças iguais a mim, cheias de desejo e com sonhos do tamanho do mundo.

Brilho nos olhos me fazia ter vontade de ouvir mais; rugas na testa me impactavam e me calavam ao mesmo tempo. E assim eu ia entrando no mundo complexo e fascinante da comunicação.

Posso afirmar, hoje, que ali começava o entendimento da comunicação intrapessoal. Tempos depois, com muito estudo de técnicas de comunicação e anos de estudo de inteligência emocional, eu entendi como a razão ou o campo mental se comunica.

Para uma pessoa se tornar um grande gestor é necessário saber técnicas avançadas do mundo administrativo. Mas saber se comunicar consigo mesmo é fundamental para o sucesso na liderança de ferramentas, ideias e pessoas.

Essa comunicação trará todo o conhecimento de si; será possível entender como nasce a vontade, a necessidade ou a obrigação de cada ação que você executa. Por consequência, você vai se apoderando do comportamento que gera a ação e percebendo em qual emoção ela nasce e baseada em qual sentimento.

Isso mesmo! O mapeamento começa no mental; o leva para o campo do subconsciente, onde estão todos os seus registros; e o introduz no campo mais profundo do inconsciente, onde você pode encontrar respostas para as mais famosas perguntas:

QUEM SOU?

ONDE ESTOU?

PARA ONDE VOU?

Perceba, na figura a seguir, como nossa mente e nossos registros se encontram.

Mental – Consciência

Quem Sou?

Emoção – Subconsciente

Onde Estou?

Espiritual – Inconsciente

Para onde vou?

Na questão "QUEM SOU?" estão todas as respostas necessárias para desenvolver o autoconhecimento.

Ele é eficaz na área da razão. Saber como suas ações são executadas e por quê. Neste campo, todas as suas habilidades estão disponibilizadas, tendo você o domínio sobre elas ou, no mínimo, a consciência delas.

Na questão "ONDE ESTOU?" estão todas as respostas necessárias para desenvolver o autocontrole e a automotivação.

O autocontrole é eficaz na área da razão porque traz à luz da consciência todos os sentimentos que geram as emoções. Traz as habilidades para o campo da execução em alta *performance*, uma vez que o conhecimento nos potencializa quando usado a favor de si e no apoio ao outro.

A automotivação é a eficiência em pessoa e em ação, pois executa padrões reais de domínio emocional.

Na questão "PARA ONDE VOU?" estão todas as respostas para você desenvolver a empatia.

Empatia não é saber o que se quer. É sentir que algo que você deseja ter, ser ou construir vai efetivamente melhorar alguma coisa para alguém. É ter a capacidade de se colocar no lugar do outro e perceber suas necessidades.

Quando tudo isso vem para o campo da razão, entendendo as mensagens imersas no seu ser, o caminho para a habilidade social é construído. É quando você se encontra emocionalmente equilibrado para a comunicação interpessoal.

Entender como isso acontecia foi um dos motivos para eu estudar sobre inteligência emocional.

Mesmo nascida em uma família com uma ausência financeira muito grande, meu pai, o sr. Apparecido Ferreira da Silva, tinha uma habilidade incrível de farejar o que dava dinheiro. No início, ele não tinha como investir, oferecendo a mim uma infância com poucos recursos. Faltava mesa farta; faltava atenção, porque ele trabalhava muito; e faltavam roupas. Mas pensamento de abundância sobrava, e ele plantou isso o tempo todo para todos os filhos, para quem quisesse colher. Somos quatro irmãos, como já mencionei. Somente eu trabalhei diretamente na gestão dos negócios do meu pai quando tudo o que ele buscava começou a acontecer. De um simples boteco para uma próspera mercearia; de uma próspera mercearia para uma das padarias de bairro mais movimentadas da cidade de Santo André, pertencente ao ABC Paulista.

Acordando de madrugada e indo dormir tarde da noite, eu tinha tempo suficiente para observar, ver e ouvir tudo e todos. Minha infância foi passando entre uma fornada de pão e outra; a adolescência passava a passos largos, na mesma velocidade que meu pai colocava, cada dia mais, a responsabilidade de parte da gestão do grande comércio nas minhas mãos. Ver meu pai entrar no banco e ir direto para dentro do cofre me fez pensar que mundo era aquele, onde antes ninguém me via e, de repente, eu era a filha do poderoso Apparecido, pois assim ele era visto onde morávamos.

Quando percebi a necessidade de saber me comunicar com o outro pela primeira vez, eu tinha 16 anos e estava fugindo de casa, pois tudo o que eu não queria mais era fazer parte daquilo tudo. Meu pai, muito debilitado por conta do diabetes, que reduziu seu corpanzil quase à metade, já não suportava mais lidar com família, dinheiro, funcionários e clientes, criando espetáculos de deixar qualquer peça de teatro ou filme *hollywoodiano* no chinelo. Ataques de raiva, conversas cheias de mágoa e frustração e uma cobrança descabida permeavam a nossa vida. Na construção da minha maturidade, o que mais assisti foi a eventos de desequilíbrio, e fugir de casa foi a única comunicação que consegui fazer quando o que mais queria era ser ouvida.

Aprendi então, no meio disso tudo, sobre os erros mortais que a falta da comunicação interpessoal pode causar:

Conflito familiar - Eu já não me entendia mais com meu pai, minha madrasta e meus irmãos.

Conflito social - Eu era a filha do Apparecido e não estava apresentando os primeiros comportamentos de sucesso.

Percebi então a necessidade de saber me comunicar com o outro, mas não entendia que isso primeiro precisava partir de mim.

Voltei para casa depois de uma semana de fuga, com todos os problemas elevados à quinta potência, e me dei conta de que fugir não resolveu nada.

Os anos foram passando e eu, mergulhada cada vez mais na minha própria incoerência, fui aplicando, de alguma forma, o pensamento de abundância ensinado por meu pai. Trabalhei em grandes empresas, ganhei salários em dólar e premiações que me levaram a conhecer cidades pelo mundo que respiravam empreendedorismo. E, chegando aos 26 anos, eu me tornei empresária. Claro que não podia ser em outro ramo a não ser o de padaria.

Nascia então o mais belo projeto de uma *boulangerie*. Uma boutique de pães pensada e desejada da forma mais amorosa que o meu ser entendia. Era 1998. Com uma sócia, abri o empreendimento com toda a pompa que o projeto merecia e oferecia. Um ano depois, estava eu mergulhada em uma das piores crises da minha existência. Eu não conseguia mais me comunicar com ninguém. A impressão era que eu não conseguiria ser entendida por ninguém.

A sociedade se rompeu. Mergulhada em dívidas, eu perdi quase meio milhão, e mais uma vez a alternativa era fugir; fugir de mim mesma.

Era difícil de entender como eu, que tinha conseguido bater todos os recordes de vendas justamente por saber "comunicar" tão bem os produtos que eu levava aos clientes, como quem vendia uma parte de si, não era capaz de vender os meus pensamentos, sempre tão verdadeiros.

Perder tudo foi a maior lição que eu poderia ter vivido. Digo isso porque a escrita deste capítulo começou exatamente no dia em que, após a quebra da empresa e da amizade com minha sócia, decidi sair de São Paulo, e o que eu tinha na minha conta eram

R$ 12,00, o que, na ocasião, me daria condições de pagar somente uma passagem de ida para alguma cidade do interior de São Paulo.

Procurei um emprego e consegui de imediato. O salário era de R$ 1.500,00, que não pagavam nem de perto as minhas dores.

Nessa ocasião, eu já pensava como voltar para o mundo dos negócios. Após meses sem me comunicar com o meu pai, eu, mais uma vez sem habilidade na comunicação, parti para a Bahia em busca de acabar com a dor da vergonha da falência.

Comecei então a estudar inteligência emocional, aprendi sobre o poder da comunicação comigo mesma e segui trabalhando na capital baiana. Casei-me após dez meses no Estado e continuei estudando. Aos poucos, a comunicação interpessoal foi fazendo sentido e as habilidades se potencializando e gerando resultados. Reconstruí meus pensamentos, parti para a construção de uma empresa de representação comercial e, aos 33 anos, eu já ganhava novamente valores bem interessantes para o mercado e para o momento do País.

A comunicação interpessoal exige não só saber das suas dores, das dores do outro ou saber falar e calar na hora certa. Essa comunicação exige entrega; entrega de solução, mesmo que calado. Exige aliviar uma dor mesmo que você não tenha o remédio e exige ainda muita sensibilidade para entender que o momento dessa comunicação é quando você fala ou age para a outra pessoa, não para você. Entendendo e fazendo isso tudo, o resultado chega automaticamente.

Comunicação interpessoal

Em 2010, num dia frio de inverno, eu trabalhava na Fundação Odebrecht e nossa agenda de trabalho era em São Paulo, junto com o vice-presidente, sr. Roberto Lessa. O dia prometia, pois existia a possibilidade de um papo com o Abílio Diniz no escritório da Rede Pão de Açúcar. No meio de uma conversa, o sr. Roberto olhou para mim e para os demais – que juntos aguardávamos na sala de espera do setor de compras – e disse que o sucesso nasce na ação genuína de alguém. Eu, que sempre fui muito autêntica na minha fala, entendi de imediato que a habilidade que eu tinha em gerar conexões entre pessoas e empresas vinha exatamente de ser quem eu era, sem querer falar para impressionar, mas para entregar a minha verdade sobre o que eu falava.

Quando desenvolvemos a habilidade de intracomunicação, a intercomunicação é consequência. Superamos os medos, desenvolvemos a coragem e nascemos para a sabedoria de perceber primeiro a pessoa e suas necessidades para depois querer dizer qualquer verdade a ela.

Com a comunicação interpessoal, a gente desenvolve a habilidade social. E hoje, após 18 anos de muito estudo e ainda uma aprendiz, sei que, para entregar uma boa comunicação a quem você convive direta ou indiretamente, é necessário:

Escuta ativa - Ouvir sem julgar antes mesmo da conclusão da fala de quem lhe conta algo. Se você entende que o que a pessoa lhe conta tem algum equívoco no pensar ou no agir, não diga o que você acha que ela precisa ouvir sem entender o momento da pessoa. Se o relacionamento for pessoal, deixe suas ideias preconcebidas e entenda que a sua verdade é somente a sua verdade. Procure entender se o que lhe contam está em forma de informação ou desabafo. Por fim, perceber se a pessoa está pronta para receber uma devolutiva em palavras, gestos ou silêncio torna também sua escuta poderosa.

Respire - Amplie a consciência sobre o assunto em questão. Entenda se a sua fala tem emoção envolvida.

Observe - Entre para o campo de observação. A partir disso, convide a pessoa a entrar para o campo de observador com você.

Após tudo isso, inicie uma conversa usando palavras que sejam comuns ao vocabulário de quem o ouve. Seja cuidadoso no tom da voz, contenha os braços e, se possível, os dedos.

Martin Luther King, ao dizer a frase *"I have a dream..."* durante um discurso, conseguiu entregar palavras a ouvidos apurados, uma imagem de liberdade a olhos atentos e a sensação de que nunca mais haveria dor.

Comunicou nos três canais e com gestos firmes, que endossaram a sua fala.

APOIO NA COMUNICAÇÃO INTRA E INTERPESSOAL

A boca fala, os olhos entregam, sua fisionomia informa e sua alma exala tudo o que há entre você, o céu e a Terra.

Quando você fala, necessariamente não diz quem você é ou o que você quer. Da boca saem registros com doses cavalares de emoção gerada por um sentimento que pode ou não se traduzir em inteligência ou sabedoria.

Fernando Collor, em 1989, trazia fala doce, palavras de acalento com que o povo brasileiro tanto sonhava, e dizia exatamente o que queríamos ouvir: que a solução era caçar todos os que roubavam - e quem nesta vida não tem um senso de justiça bem aguçado?

Os olhos, conhecidos também como janelas da alma, entregam desde amor a grandes histórias.

Veja o quadro abaixo:

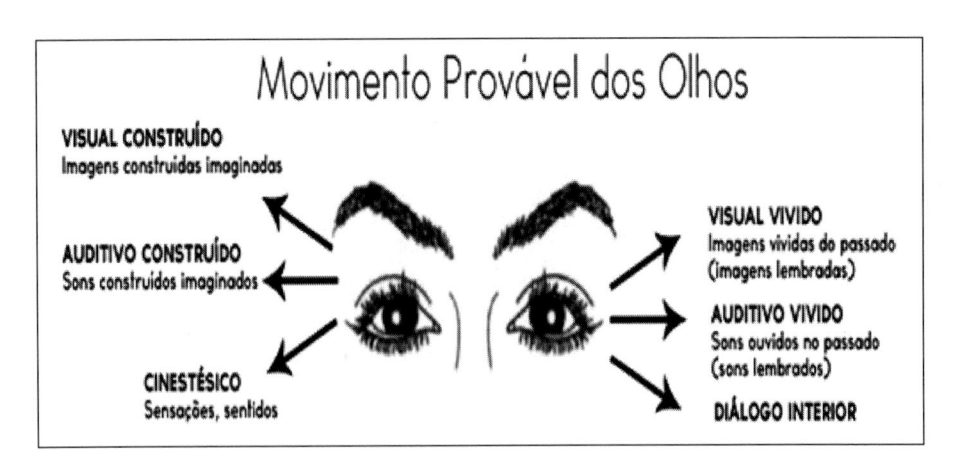

Movimento Provável dos Olhos

- **VISUAL CONSTRUÍDO** — Imagens construídas imaginadas
- **AUDITIVO CONSTRUÍDO** — Sons construídos imaginados
- **CINESTÉSICO** — Sensações, sentidos
- **VISUAL VIVIDO** — Imagens vividas do passado (imagens lembradas)
- **AUDITIVO VIVIDO** — Sons ouvidos no passado (sons lembrados)
- **DIÁLOGO INTERIOR**

Olhos sempre mexeram comigo. Irmã Dulce me conquistou mais com os seus olhos que doavam amor do que com sua própria história.

Após a fala e os olhos, outro grande comunicador é a fisionomia.

A expressão "tá mais na cara do que no nariz" nasceu para ressaltar uma verdade, mas o nariz é um grande informador da personalidade de quem lhe diz algo.

Nariz largo é predominante em pessoas com grande habilidade para amizades e trabalho em equipe.

Nariz fino representa pessoas independentes e autossuficientes, que gostam de estar no controle.

Nariz longo, pessoa extremamente estrategista, enquanto nariz curto revela uma pessoa que gosta de muita produção pessoal.

Nariz pontudo, tipo de tucano, fala de pessoas com habilidades em gestão financeira.

O nariz reto diz da adaptação a coisas rotineiras. Já o pontudo representa pessoas que gostam de falar de suas habilidades, suas experiências, e das emoções que elas trazem.

Poderia falar o que a obesidade informa, o que a ruga informa, o que as dores informam e mais uma série de coisas no seu corpo. Na eficiência da comunicação, é muito importante unir isso tudo, mas o que torna mesmo a sua comunicação eficaz e eficiente é você saber transmitir o que traz a sua alma. Fale sobre a sua melhor parte, entregue o seu melhor amor, divida a sua melhor história. E se, na hora de comunicar algo a um parente, um amor, um funcionário, um parceiro, um amigo ou alguém que você não conheça, você não souber como entregar uma boa comunicação, silencie. Porque o silêncio pode comunicar muito mais do que mil palavras, já diz outro ditado popular.

Comunique e não se trumbique.

Estratégia no varejo:
encantando o cliente

Davidson Cardoso

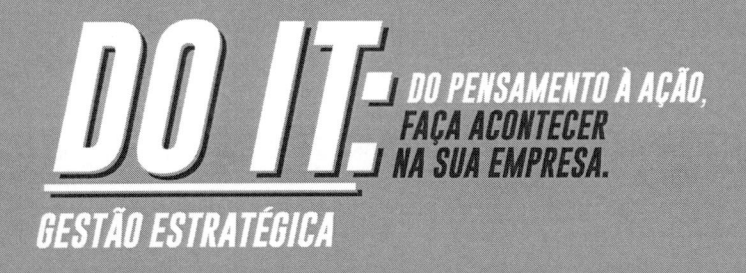

DO IT: DO PENSAMENTO À AÇÃO, FAÇA ACONTECER NA SUA EMPRESA.

GESTÃO ESTRATÉGICA

DAVIDSON CARDOSO

Empresário, sócio das Ópticas Centro Visão, maior rede mineira de óticas, com 20 lojas, laboratório próprio e mais de 170 funcionários. Administrador formado pela PUC (Pontifícia Universidade Católica) Minas, pós-graduado em Finanças pela UFMG (Universidade Federal de Minas Gerais) e MBA em Gestão de Negócios pela Fundação Dom Cabral. Foi presidente da CDL BH Jovem, presidente da CNDL Jovem e atualmente é vice-presidente da CDL BH.

Introdução do capítulo

onforme relatei em algum lugar deste livro, sempre participei das entidades de classe e empresariais, já que sempre acreditei, e acredito, que juntos somos mais fortes.

Quando era presidente da Associação Comercial Jovem – ACMinas Jovem –, tínhamos um projeto que reunia várias entidades jovens, além da nossa, quais sejam: CDL Jovem, Cici Jovem e Conselho Estadual da Juventude. Davidson era o então presidente do CDL Jovem, um empreendedor cheio de energia, disciplinado, com um sorriso contagiante e que conhecia profundamente o seu segmento e tudo que envolvia o varejo. Isso acabou nos aproximando, e a amizade cresceu. Passei a ser seu contador e pude ver de perto seu trabalho. Graças a todo o seu histórico, fiz a ele o convite para dividir conosco, neste capítulo, um pouco de seus conhecimentos e de sua experiência.

O varejo é sempre desafiador. É preciso inovar e se adaptar continuamente, além de criar estratégias que possam acompanhar a constante evolução e as mudanças que caracterizam o comprador moderno.

Assim, visando enfrentar esses desafios quase diários, provocados por diversas variáveis que impactam diretamente a atividade, exige-se hoje dos empresários do comércio varejista uma nova filosofia de administrar, isto é, muito mais profissional, dinâmica e conectada com as tendências modernas.

A par de todos esses desafios e dos percalços que um varejista enfrenta, Davidson nos ajuda a encontrar uma nova saída a fim de que continuemos firmes em nosso propósito.

Mário Mateus

Com satisfação, compartilho aqui o aprendizado que construí, e continuo a construir, durante os mais de 20 anos de gestão de empresas varejistas e entidades de classe. Selecionei alguns pontos críticos de sucesso para atuação no mercado varejista, que está em franco processo de consolidação, trazendo enormes desafios às pequenas e às médias empresas.

1 – Posicionamento estratégico

Para se posicionar estrategicamente, diferenciando-se, uma empresa varejista deve ser capaz de responder de forma sincera e consistente a algumas perguntas fundamentais. Vejamos:

- Se esta empresa não existisse, qual falta faria?

- Para quem eu sou importante?

- Que capacidades e competências me distinguem dos meus concorrentes?

- Qual a razão de existir da empresa?

- Aonde pretendo chegar nos próximos cinco, dez e 20 anos?

- Quais atitudes dos empreendedores e dos colaboradores sustentam o nosso modelo de negócio?

Responder a essas perguntas pode ser um exercício que muitas vezes leva algum tempo, exigindo a criação de um consenso entre sócios, para a perenidade e o sucesso da empresa.

Vamos refletir um pouco sobre como esses questionamentos estratégicos se desdobram na prática. Cada uma das perguntas acima vai ser respondida nos cinco tópicos a seguir.

A – Missão

A missão é a razão de existir de uma empresa. Responda à pergunta: "se esta empresa não existisse, que falta faria?" é a razão de existir da empresa. Uma empresa existe para atender com excelência a uma demanda ou às necessidades dos clientes. É o motivo pelo qual o cliente remunera meu produto ou serviço. Devemos evitar respostas óbvias já que várias empresas não sobreviveram por sua miopia estratégica. Não foi a Blockbuster que extinguiu outras locadoras, e sim o Netflix. Assim como o WhatsApp está colocando em dificuldade as companhias de telefonia, como a Tim e a Vivo.

A Nike não é uma empresa de artigos esportivos, uma vez que seu negócio e slogan é *Just do it*. A missão da Coca-Cola não é fabricar refrigerantes, mas sim matar a sede do mundo.

A missão responde o porquê de a empresa existir, ou se sua ausência seria notada por alguém se deixasse de existir. Saber se somos relevantes para alguém é o primeiro passo.

B – Público-alvo

Ao discutir para quem sou importante, a renúncia talvez seja a coisa mais difícil, uma vez que é tentador procurar atender a todo mundo em tudo. Para se posicionar e atender bem aos clientes, é importante decidir a quem eu não quero atender. Isso porque só consigo prestar um serviço de excelência ao meu público-alvo, se renunciar fazê-lo a outra parte do mercado. Cada escolha, uma renúncia.

Somente se souber para quem sou importante, posso dedicar-me para satisfazer a expectativa desse público-alvo, tornando-me indispensável. Como não consigo ser bom em tudo, automaticamente, abro mão de resolver problemas de uma grande parte do mercado. Faz-me lembrar daquele ditado popular: "Quem tudo quer, nada tem".

Se meu público-alvo quer preço baixo, preciso ter custo baixo, o que me leva a uma verdadeira obsessão por redução de custos. Se quer uma experiência de compra extraordinária, meu cliente deve estar disposto a pagar um preço justo por isso. Não é possível ter preço baixo com custo alto proporcionar uma experiência de compra extraordinária para o consumidor sem os investimentos adequados.

C – Diferencial competitivo

É preciso discernir quais competências ou habilidades (*know-how*) eu possuo que me tornam único, que me diferenciam da minha concorrência. Além disso, é necessário saber se esse diferencial é relevante para o meu público-alvo e se tal vantagem competitiva é fácil de ser copiada pelos meus concorrentes.

Esse diferencial competitivo mostra ser sustentável, se remunerado pelo seu público-alvo. Além disso, as expectativas dos clientes estão elevando-se constantemente com o advento da tecnologia, devendo ser monitoradas, já que se encontram em constante evolução. Por isso, é fundamental, no varejo, estar próximo do cliente, traduzindo suas expectativas. Novamente, como dizem os ditados populares: "O varejista precisa manter a barriga no balcão" ou "O olho do dono é que engorda o porco".

Os diferenciais competitivos são a capacidade ou a competência que me distinguem dos meus concorrentes.

D – Visão

Aonde pretendo chegar nos próximos cinco, dez e 20 anos? Para quem não sabe aonde quer chegar, qualquer lugar basta. É importante ter um norte, um rumo que direcione nossas escolhas e de nossos colaboradores. Sem objetivos e metas claras, não teremos a disciplina necessária para desafiar nossos limites. Visão é o estado futuro desejado. Direciona a equipe a desprender toda a sua energia em direção a um propósito maior.

As pessoas querem alcançar algo grande, ser desafiadas, ter reconhecimento. E a visão é o combustível que alimenta esse sonho. Ela é algo de mais longo prazo (cinco a dez anos), visto que é impossível estabelecer cenários confiáveis para prazos maiores que esses em um mundo que está mudando de maneira exponencial. A visão deve ser desdobrada em metas e objetivos específicos anuais e mensais.

A visão deve ser, ao mesmo tempo, tangível, desafiadora e possível. Tangível, para que possa ser medida. Desafiadora, para que as pessoas saiam da zona de conforto e busquem superar os seus limites. E possível, a fim de que as pessoas se engajem em relação aos objetivos e não desistam de buscar algo inalcançável.

E – Valores

Em algumas empresas os seus valores são facilmente percebidos, pois a cultura da empresa se mistura com os valores do empreendedor, o sonho do empreendedor se confunde com a visão da empresa, e o carisma desse empreendedor é suficiente para liderar seus colaboradores pelo exemplo. Isso apenas quer dizer que tais valores foram percebidos naturalmente, sem estar necessariamente escritas enquanto esse empreendedor estiver na ativa. Quais atitudes dos empreendedores e colaboradores sustentam o nosso modelo de negócio?

Os valores são a bússola que sustenta a estratégia da empresa. Eles não são algo estático, sendo um grande desafio em determinado estágio identificar se alguns deles estão dificultando que a empresa alcance sua visão e possam ser modificados. É tarefa da área de gestão de recursos humanos e de todas as lideranças da empresa recrutar, selecionar, treinar, desenvolver e promover a cultura e os valores organizacionais.

2 – Execução

A definição do posicionamento da empresa é fundamental, porém de nada adianta se essas estratégias ficarem só no papel sem serem executadas. Disciplina é algo muito pouco desenvolvido na cultura do "jeitinho brasileiro" e do improviso.

No varejo, cujo nível educacional é caracteristicamente baixo, em que várias pessoas em posição de liderança não possuem sequer segundo grau, o desafio é enorme. Essas pessoas alcançaram o sucesso pelo esforço e pelo talento pessoal. Por isso, muitas delas negligenciam a aprendizagem e a necessidade de disciplina para fazer o que precisa ser feito.

A capacidade de execução da estratégia é o que diferencia as empresas vencedoras. Planejamentos brilhantes sucumbiram à baixa capacidade de execução. Assim como estratégias medianas foram bem-sucedidas, quando bem executadas.

São necessários rituais de gestão e acompanhamento rigoroso para que o nível de execução seja incrementado. Desenvolver hábitos saudáveis nas pessoas requer tempo e persistência, ainda mais quando a empresa decide crescer, uma vez que precisa disseminar cultura, hábitos e até educação a pessoas com baixa escolaridade.

A complacência com a não execução é um pecado capital. Ao sermos tolerantes com a indisciplina, estamos contribuindo para a baixa *performance*. Nos rituais de gestão é inaceitável que pessoas que se comprometeram a executar algo entreguem resultados ruins, exatamente porque não fizeram o combinado.

Grande parte dos erros da execução é em razão de planejamentos mal feitos. O planejamento deve ser elaborado com o olhar de quem o executa, pois, às vezes, subestimamos a dificuldade de execução, as contingências e os impactos em outras áreas da empresa.

Outro grande problema é realizar ações planejadas de maneira exemplar, que não trazem os resultados esperados. É um grave erro de planejamento, o que indica que não foi identificada corretamente a causa do problema, causando frustração e perda de confiança em relação ao líder.

O correto, ao discutir um Plano de Ação, é envolver a pessoa que o torna efetivo, identificando, em conjunto com a equipe, a causa dos problemas e definindo o que deve ser feito. Isso aumenta consideravelmente o nível de execução em comparação a uma ordem vinda de cima para baixo. As pessoas apoiam o mundo que elas ajudam a construir.

3 – Liderança

O mercado de trabalho atual é composto de gerações completamente diferentes. Liderar gerações distintas exige flexibilidade e adaptabilidade. Liderar pelo exemplo é fundamental, considerando que as pessoas seguem o que você faz e não o que você fala. Líderes devem praticar os valores da empresa e desenvolver importantes habilidades, como comunicação, negociação, gestão e autoconhecimento.

A liderança tem a capacidade de arrastar a empresa em direção aos objetivos organizacionais. Os colaboradores saem de casa para bater metas, ter o reconhecimento, aumentar a autoestima, criando um círculo virtuoso de prosperidade. A falta de liderança traz resultados inversos, desastrosos. O líder sempre é responsável pelo resultado dos seus liderados.

Delegar autonomia é outro ponto importante, já que gera o empoderamento do colaborador, aumentando o senso de responsabilidade. Autonomia vem junto com responsabilidade, sendo os valores da empresa a grande bússola a nortear as decisões dos colaboradores. Ter colaboradores com "cabeça de dono" é o grande desafio, principalmente nas empresas que querem ou precisam crescer. Isso porque, na maioria das vezes, são os vendedores que estão diante dos clientes e necessitam ter autonomia para tomar decisões.

Liderança é certamente a habilidade mais desafiadora do mundo dos negócios. A primeira lição é a autoliderança, pois é impossível quem não lidera a si mesmo conseguir influenciar ou persuadir os colaboradores ao seu redor. A segunda lição é ser um líder servidor, o que requer grande dose de humildade; e o grande líder é aquele que lidera pessoas até mais eficientes do que ele. Outro papel da liderança é formar sucessores; isso exige grande dose de autoconfiança, visto que muitos líderes temem perder seus cargos se formarem sucessores mais eficazes do que eles.

A liderança é uma habilidade inata, que pode ser desenvolvida e aperfeiçoada constantemente. É muito diferente do carisma, que atualmente é insuficiente para levar adiante a organização, pois essa não se sustenta ao longo do tempo. Deve-se salientar que liderança independe da hierarquia, podendo ser exercida de baixo para cima, ou entre pares. Por exemplo, é muito comum que alguns vendedores sejam os líderes da loja ou que algumas operadoras de caixa tenham liderança moral dentro dos estabelecimentos.

4 – Gestão

Para uma gestão eficiente, é necessário primeiramente termos indicadores de desempenho com metas específicas. O que não pode ser medido não pode ser gerenciado. Além disso, é preciso definir rituais de gestão para avaliar sistematicamente a *performance*. O processo de gestão envolve planejar, executar, controlar e ajustar (o famoso PDCA de Deming).

Primeiramente, elabora-se um Plano de Ação com metas específicas. Em seguida, executa-se o plano. Após a execução, deve-se mensurar os resultados e consequentemente ajustar, corrigindo erros e padronizando processos. Esse ciclo se retroalimenta sistematicamente, levando sempre à necessidade de atualização/adequação do planejamento.

O objetivo de toda empresa é ter lucro. Especificamente no varejo, a gestão desse propósito se desdobra em três grandes metas: aumentar vendas, aumentar a margem de lucros e reduzir despesas. Para cada uma dessas metas, deve haver uma reunião específica (ritual de gestão), a fim de acompanhar rigorosamente se estão sendo alcançados os objetivos preestabelecidos. A seguir, vou me aprofundar um pouco em cada uma dessas três metas:

A – Aumentar receitas

Uma das maneiras de a empresa ser mais lucrativa é vender mais. Normalmente a meta de vendas é estipulada, mas nem sempre de maneira correta. Ela deve ser desafiadora e possível para que se estimule as pessoas a saírem de suas zonas de conforto. Se for impossível, a meta não surte efeito, porque as pessoas não se mobilizam em direção a esse objetivo. Toda empresa quer vender mais, mas muitas vezes não sabe o que fazer. Vou abordar três vetores de aumento de vendas nas empresas varejistas: aumentar o fluxo de clientes, o *ticket médio* e a taxa de conversão.

As estratégias de aumento de fluxo são necessárias para levar o maior número de clientes até a loja. Quanto mais elevado o fluxo, maior a probabilidade de a loja vender mais. Ações de publicidade, CRM, *marketing* digital, vitrinismo, *merchandising* visual, convênios, dentre outros, podem alavancar vendas. É importante mensurar o retorno sobre o investimento de cada ação, pois muitas vezes se gasta dinheiro com ações de *marketing* que não trazem nenhum cliente adicional. É importante comparar o número de clientes que cada vendedor atende, já que esse número pode ser um indicativo de que o vendedor está mais presente na loja e focado nos atendimentos quanto um indicativo de que, em determinado turno, ou horário, há um fluxo maior de clientes.

O fluxo não necessariamente gera venda, por isso há a

necessidade de aferir a taxa de conversão. Ela avalia o percentual de vendas convertidas, ou seja, de cada cem clientes que cada vendedor atende para quantos clientes ele converte venda e quantos clientes ele perde. A capacidade de um vendedor pode ser avaliada pela taxa de conversão, oportunidade em que são identificados os vendedores que têm necessidade de treinamento ou simplesmente não têm perfil para a função. É sugerido que os vendedores atendam pelo sistema de vez, para que todos tenham a mesma oportunidade de atender e que a taxa de conversão de cada um deles possa ser comparável.

A outra estratégia que também deve ser utilizada para incrementar vendas é elevar o *ticket* médio. O aumento da concorrência tem contribuído para cada vez mais termos um fluxo menor de clientes nas lojas, o que compromete também a conversão das vendas. Sendo assim, tornar o *ticket* médio maior tem sido uma das mais desafiadoras estratégias de sucesso de vendas. Podemos elevar o *ticket* médio fazendo um *up grade* na venda para produtos de maior valor agregado, exigindo mais excelência da equipe de vendas para vender o valor (traduzido em benefícios para os clientes), e não o preço dos produtos. Além disso, podemos aumentar o *ticket* médio reduzindo o desconto da loja, incentivando os vendedores em relação à habilidade de negociação. E, finalmente podemos aumentar o *ticket* médio vendendo mais itens por venda. Muitas vezes, criam-se combos de vendas ou descontos no segundo item para estimular a compra por impulso.

Cada loja utiliza uma combinação dessas estratégias visando aumentar a receita e o principal é avaliar a verdadeira causa positiva ou negativa do resultado da loja e de cada vendedor, para que possamos ser assertivos e atingir as metas com mais facilidade.

É importante criar um ritual de gestão mensal chamada "reunião matricial de receitas", quando cada gerente analisa os números da sua loja e estabelece Planos de Ação de melhoria. Devem ser disponibilizados, em tempo real, durante todo o mês, os números para que cada vendedor faça sua autoanálise e aja no intuito de atingir suas metas.

B – Reduzir despesas

O pressuposto inicial é que exista um orçamento de cada uma das despesas inseridas no plano de contas. Quanto mais criterioso na elaboração do orçamento, mais bem-sucedida será a redução. Normalmente, utiliza-se o orçamento base zero, que toma como princípio uma redução drástica (geralmente no primeiro ano, quando há muita gordura para queimar) ou uma manutenção das despesas do ano anterior. Além disso, deve ser definido um gestor para cada uma das despesas ou pacote das despesas. Caberá a tal pessoa conhecer profundamente a natureza da despesa, de que maneira ela é gasta e aprovar previamente todas as compras ou os desembolsos.

Da mesma forma que em relação às receitas, para as despesas deve ser implementado um ritual de gestão com uma reunião mensal de acompanhamento do orçado *versus* realizado. Cada gestor de despesas, ou pacote de despesas, deve justificar o resultado e propor um Plano de Ação do que deve ser executado imediatamente.

Existe uma máxima corporativa que diz: "Despesa é igual unha; tem que ser cortada diariamente". Cortar despesas pode parecer uma tarefa fácil, visto que depende só da decisão de, por exemplo, reduzir o quadro de funcionários, trocar empresa de telefonia, renegociar aluguéis. Mas o grande desafio é separar quais despesas são desnecessárias, que não impactam nas vendas ou no nível de serviço, pois cortar despesas como as de *marketing*, de treinamento ou de salários provavelmente provocará queda drástica no faturamento. Da mesma forma, existem despesas de *marketing* e de pessoal que não trazem nenhum retorno ao faturamento. Por isso, o gestor de cada pacote de despesas deve ser um especialista e ter muita familiaridade com essas para que tome decisões assertivas.

Exige-se que o orçamento de despesas considere os projetos e os investimentos planejados para o ano corrente, tendo como foco fazê-los de maneira a alavancar o lucro líquido. É importante ter em mente que gasto é diferente de investimento, que traz retorno à empresa.

C – Melhorar a margem de contribuição

Uma empresa varejista de sucesso precisa necessariamente executar duas atividades básicas: comprar bem e vender bem. Outro ditado popular do comércio é: "Ele deve ser frio para comprar e quente para vender". A margem de contribuição é exatamente a diferença entre o preço de compra e o de venda de todos os itens comercializados pela empresa. Ademais, devemos definir e perseguir para cada loja metas do nível de estoque que devemos manter, além do tempo de giro ou da cobertura de estoque (quantos meses esse estoque demora para ser vendido), considerando que isso influencia drasticamente a necessidade de capital de giro e a gestão de fluxo de caixa da empresa.

Comprar bem envolve negociação com fornecedores (preço, prazo de pagamento, bonificação, rebate, incentivo à equipe de vendas), definição do *mix* de produtos adequados ao seu público-alvo, aproveitamento de oportunidades de compra e definição da exposição do produto no ponto de venda. Como é considerada uma área muito crítica da empresa, o comprador pode ser assediado e corrompido por fornecedores com favores, presentes e até propina. Assim, deve ser priorizada a compra dos produtos que proporcionem alta margem e giro (velocidade em que o produto é vendido).

Vender bem envolve precificação, promoção, exposição dos produtos, monitoramento da concorrência, comissionamento de vendedores e gerentes. O grande problema da empresa é delegar as principais funções de uma empresa varejista. As áreas de compra e venda são as duas principais competências de um grande varejista e muitas vezes têm premiação por objetivos contraditórios. O principal desafio na cultura brasileira é conseguir remunerar as áreas comercial e de compras por margem de contribuição, uma vez que não se pode vender a qualquer preço nem deixar de vender produtos que possuem margem muito boa.

5 – Sucessão de empresas familiares

Gostaria de deixar como contribuição um pouco desse tema que, na maioria das vezes, é o divisor de águas para a perenidade das empresas ao longo do tempo. Muitas famílias e empresas sucumbem no momento de chegada de uma nova geração. É um problema que deve ser encarado, e a chave é estabelecer uma governança corporativa com regras claras, se possível, no contrato social da empresa que não deixe dúvidas a ninguém. Os traumas no processo sucessório são causados pela não separação das pautas convergentes: família, empresa e patrimônio, que devem ser tratadas de forma independente, como a seguir.

A – Família

Os laços familiares não podem ser negligenciados, sendo a busca pela coesão familiar um fato definidor para o sucesso de empresa. Pelos laços consanguíneos, todos são iguais, não havendo distinção. Cabe, normalmente, à mãe fundadora essa tarefa de estabelecer diálogos e eventos que possibilitem a maior coesão familiar. Inevitavelmente, haverá conflitos como divergência de propósitos de vida, definição do momento da passagem do bastão pelo fundador, disputa pela sucessão entre irmãos ou netos. O grande erro é evitar conversas difíceis e "jogar a sujeira para debaixo do tapete".

Periodicamente, devem ser estabelecidas reuniões do chamado "Conselho de Família", se possível conduzido por alguém de fora do clã familiar, mas com a confiança de todos. As pautas são muitas, os conflitos, inevitáveis, mas o resultado é extremamente compensador: a coesão familiar. O amadurecimento de todos os membros da família surge com as discussões e as definições tomadas pelo Conselho de Família.

No campo da família, deve-se usar o chapéu de pais e filhos, pois, com esse olhar, evitam-se discussões desnecessárias. Se os membros da família utilizarem o chapéu de sócio ou de executivo da empresa, complica-se muito um possível acordo familiar.

Um bom acordo de família não necessariamente agrada em tudo a todos. É preciso ceder em alguns pontos e haver um posicionamento às vezes mais firme por parte dos pais, que são hierarquicamente superiores no âmbito da família. Algumas definições são importantes. Vejamos:

- Qual investimento educacional a empresa vai fazer para os sucessores?

- Quais os critérios e a qualificação mínima para a entrada de familiares na empresa?

- Qual a vocação e o propósito de vida de cada um?

- Até quando o fundador pretende trabalhar e quando ele pretende passar o bastão?

- Quais os critérios para a escolha do sucessor, isto é, podemos ter um sucessor não familiar?

Vale lembrar que muitos traumas infantis ocorrem nessas discussões, ou seja, adultos voltam a ser crianças e tomam decisões de cunho fortemente emocional. A condução das discussões familiares deve ser muito bem feita, e nem sempre é alcançada a coesão completa da família, fazendo com que algum membro se rebele. É importante que tal discussão seja antecipada, visto que o futuro da empresa depende muito dessas definições. As relações familiares são fatores críticos tanto para o sucesso quanto para o fracasso do negócio.

B – Patrimônio

Todo filho é sócio potencial da empresa, independentemente de trabalhar ou não nela. Seu papel como acionista é cobrar que os gestores da empresa entreguem resultados que possam ser distribuídos ou reinvestidos na mesma. Todos devem ser capacitados como sócios, para que estejam aptos a alcançar seus sonhos e propósitos de vida pessoal e empresarial.

Urge que as discussões sejam alimentadas a fim de que se alcance um acordo de acionistas. O propósito desse conselho é preservar o patrimônio da família. Apesar de os membros participarem do Conselho de Família e do Conselho de Acionistas, a pauta é completamente diferente. O chapéu que deve ser usado é de acionista, e a hierarquia aqui é de quem tem mais ações. Algumas definições a ser pautadas no Conselho de Acionistas:

- Como proteger o patrimônio?

- Haverá distribuição de lucros? Essa será proporcional à participação acionária?

- Um sócio familiar pode vender suas ações? Se sim, para quem e em qual prazo para pagamento?

- Quem será o corpo executivo da empresa, seja ele familiar, seja ele não familiar?

No Conselho de Acionistas, deve-se usar o chapéu de sócio, pois o objetivo é a preservação e a ampliação do patrimônio.

C – Empresa

A boa gestão da empresa é decisiva para que a coesão familiar e societária se perpetue. As discussões aqui devem ser feitas por quem efetivamente dirige a organização. Cada gestor familiar ou não deve entregar resultados. A profissionalização da gestão da empresa é que garantirá a perpetuação do patrimônio e da família empresária. A família continuará a existir se não houver mais empresa, mas a família empresária não.

No âmbito empresarial, há de prevalecer a meritocracia e a competência. Todos são empregados e devem receber salários de mercado, e, independentemente de serem filhos ou sócios, respeita-se aqui a hierarquia da empresa. O chapéu aqui deve ser de executivo, sendo exigidos resultados para permanecer no cargo. Muitos valores da família são incompatíveis com os valores da empresa.

Muitas empresas sucumbem a relações familiares mal resolvidas e a conflitos de acionistas. Geralmente, a empresa é de onde vem o sustento de toda a família e deve ser administrada pelos melhores profissionais e práticas de gestão. É indispensável boa governança corporativa, que blinde os profissionais de interferências e discussões descabidas, despolitizando a gestão da empresa.

O sucesso ou o fracasso da empresa familiar depende exponencialmente dos relacionamentos familiares, de acionistas e executivos, que muitas vezes são as mesmas pessoas. Capacitar-se para exercer todos esses papéis no momento e local adequados é fundamental para que a empresa familiar tenha futuro.

Presença digital -
o único caminho

Eduardo Vanzak

Lohran Schimidt

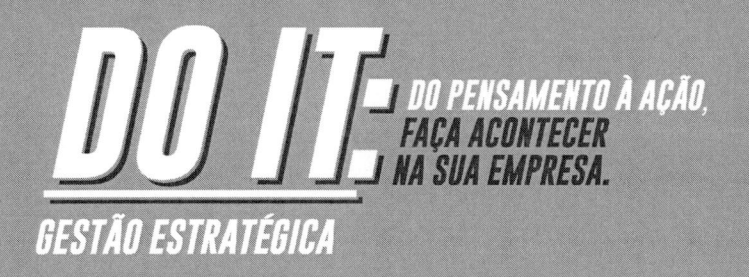

DO IT: DO PENSAMENTO À AÇÃO, FAÇA ACONTECER NA SUA EMPRESA.
GESTÃO ESTRATÉGICA

EDUARDO VANZAK

Cofundador do Desinchá e da Unity Seven. Começou a empreender ainda adolescente, com vários negócios *online*. Aos 15 anos, fundou uma marca de roupas em sociedade com o irmão, vendendo três anos mais tarde. Logo depois, abriu a Unity Seven, um dos primeiros *e-commerces* de roupa do Brasil. Recentemente abriu a Desinchá, junto com um grande amigo de faculdade, com a missão de inovar o mercado de alimentação saudável e trabalhar com algo que tivesse um grande propósito por trás. Formado em Administração, mas faz questão de afirmar que 99% do que sabe aprendeu na prática ou lendo livros, fazendo cursos *online* e assistindo a vídeos no YouTube.

LOHRAN SCHIMIDT

Cofundador do Desinchá. Formado em Administração de Empresas pelo IBMEC e MBA Jr. pelo IEG. Desde pequeno sempre sonhou em empreender. Iniciou sua jornada na época da faculdade, com projetos de *startups* e competições de empreendedorismo. Trabalhou também como consultor para algumas empresas, até fundar uma empresa de marketing digital e cursos *online* aos 20 anos. Na volta de uma viagem ao Vale do Silício fundou o Desinchá com um grande amigo de faculdade, deixando para trás sua empresa de marketing digital para focar inteiramente em realizar a missão de revolucionar o mercado de alimentação saudável e trazer bem-estar de forma prática para a vida das pessoas.

Introdução do capítulo

· ·

Em fevereiro deste ano, 2018, conheci Lohran e Eduardo, sócios da Desinchá. Dois caras pilhados, plugados e totalmente conectados, com uma história que até então eu nunca tinha visto em minha vida profissional. E olha que já se vão mais de 35 anos e mais de 2.500 empresários atendidos.

Aqueles dois jovens, já que têm a idade dos meus filhos, mas profissionais, que me encantaram desde o primeiro contato, chegaram até nossa empresa como MEI (Microempreendedor Individual) e, em menos de um ano, perderam o enquadramento do Simples Nacional, pois a receita mensal dos caras cresceu 2.740%.

Mas não foi só isso que me encantou na história deles. Duas questões mais fizeram-me os olhos brilharem: a primeira – ele tem uma baita aderência de gestão estratégica, uma visão que conecta com tudo aquilo que tenho falado nos últimos tempos e que vem ao encontro de muitas ideias que vocês encontrarão neste livro.

A segunda – uma presença digital que faz toda a diferença, pois, como eles mesmos dizem neste capítulo, "a forma como as pessoas se comunicam, interagem, compram, pesquisam e fazem negócios mudou completamente", principalmente entres esses jovens das novas gerações.

Então, um belo dia liguei pra eles e disse: "Galera, afinal tenho de me conectar com os tais jovens. Por essa razão, este capítulo sobre Presença Digital tem de ser de vocês. E, claro, com a pegada de uma mente jovem e disruptiva, eles toparam na hora e nos brindaram com este fantástico conteúdo, por meio do qual nos ensinam como é este mundo digital – da plataforma digital, do marketing digital e das mídias sociais.

O único caminho!

Mário Mateus

O mundo mudou! E disso você já sabe... ou você viu a mudança ocorrer ou já nasceu num mundo muito mais globalizado e tecnológico. Ter presença forte no ambiente digital se tornou sinônimo de sucesso e caminho obrigatório para todas as empresas. Se a sua empresa não está presente no mundo digital, se ela precisa de uma presença *online*, ou até mesmo se você ainda está pensando em começar um negócio e quer descobrir o melhor caminho para encontrar seus clientes, este capítulo é para você!

Nós, Lohran Schmidt e Eduardo Vanzak, somos os fundadores da empresa Desinchá. Vamos lhe contar um pouco da nossa trajetória e como o mundo digital transformou a nossa idealização em uma das empresas de maior crescimento no mercado de saudáveis e abriu portas até para a expansão internacional. Se fosse para relatar toda a história do Desinchá, desde o surgimento da ideia até os dias de hoje, teríamos de escrever um livro inteiro. Como a intenção aqui é narrar tudo em um só capítulo, resumiremos ao máximo e focaremos apenas nas principais informações e nas melhores estratégias para crescimento e geração de valor no universo digital.

O Desinchá surgiu como um projeto paralelo. Tudo começou quando voltamos de uma viagem ao Vale do Silício, na Califórnia (EUA). À ocasião da viagem, cada um já tinha um negócio, mas ainda não éramos sócios. O plano inicial era buscar as melhores novidades na área de tecnologia para poder implementar nas nossas empresas, e além disso procurar informações para novos negócios. Durante a viagem, percebemos que estávamos muito mais interessados em novidades saudáveis do que em qualquer outra ideia de tecnologia. No final da jornada, já estava nítido que o que desejávamos era inovar completamente esse mercado de alimentação saudável no Brasil. E foi exatamente o que resolvemos fazer quando voltamos.

A concepção do Desinchá foi o caminho. Decidimos unir nossas forças para montar uma sociedade e iniciar o negócio em paralelo às outras empresas. Nossa missão era simples e, ao mesmo tempo, motivante: criar o melhor chá funcional do mundo. O maior desafio foi produzir um chá natural, sem adoçantes e sem aromatizantes artificiais e que fosse eficaz e gostoso para todas as pessoas consumirem diariamente e melhorarem sua saúde e o bem-estar.

Foi aí que percebemos o enorme desafio que tínhamos em mãos. Como inovar num mercado tão tradicional quanto o mercado de chás no Brasil? Como fazer milhares de pessoas conhecerem um produto diferente? Como incluir o hábito de chá funcional na vida dos brasileiros? Como transformar o mercado saudável do Brasil?

Tudo começou com o desenvolvimento da fórmula em parceria com laboratórios. Depois de mais de dois anos de pesquisa e desenvolvimento, estávamos com o produto pronto para ser lançado. A parte mais difícil ainda estava por vir, ou seja, fazer as pessoas conhecerem o produto, a marca e, principalmente, nossa missão.

Ter forte presença no ambiente digital seria o único caminho para atingirmos os nossos objetivos. Mas o que é ser forte no ambiente digital? Como criar presença *online*? Calma, vamos explicar já, já. Antes, vamos entender como o mundo digital funciona.

Antigamente um *outdoor* ou panfletos distribuídos no meio da rua eram ótimos exemplos de um marketing bem feito. Utilizando essas técnicas, diversas pessoas viam, interagiam, e o seu negócio prosperava. Mas não mais... hoje, o mundo é outro. Os negócios precisam brigar por atenção com as redes sociais e com a interação constante das pessoas na *internet* pelos seus *smartphones* e computadores. Isso tudo tornou a missão de "ser visto" algo ainda mais desafiador. Afinal, é muito mais interessante ver fotos dos amigos nas redes sociais do que ligar para o número que você viu em um panfleto, não é mesmo?

A forma como as pessoas se comunicam, interagem, compram, pesquisam e fazem negócios mudou completamente. Pedir seu almoço pode ser feito, em poucos minutos, em um aplicativo do celular. Para botar o papo em dia com um amigo, basta mandar uma mensagem por um dos diversos aplicativos. Para mostrar as novidades, você posta uma foto ou um vídeo nas redes sociais. Tudo é digital! Até aí você sabe. O problema que surge a partir daí é apenas um: se tudo é digital e terei de brigar por atenção constantemente, como farei para ser visto num ambiente tão competitivo? Essa é a pergunta-chave a se fazer para conseguir ser notado no mundo digital.

Buscando responder a essa pergunta, é preciso entender quais pontos de contato você precisará construir com o seu cliente a fim de que o seu negócio seja percebido e prospere. E, para ficar mais claro, vamos pensar na seguinte analogia: com tantas informações para desviar a atenção do seu cliente em relação ao seu negócio é, basicamente, como se o seu negócio fosse uma ilha. Seu negócio existe, mas poucas pessoas sabem como chegar até ele.

Uma ilha é cercada de água e não existem formas de as pessoas descobrirem seu produto ou serviço sem que você as crie e mostre a elas.

O primeiro passo é deixar a sua ilha boa o suficiente. Você precisa criar o seu negócio, ou seja, sua ilha, de forma que seus potenciais clientes, ao chegarem, tenham clareza do que você vende e tenham vontade de comprar. Depois disso, é necessário estabelecer pontes de onde o seu cliente está até a sua ilha, ou seja, é imprescindível definir maneiras de o seu potencial cliente chegar até você. O terceiro passo é idealizar um jeito de se relacionar com seu cliente e fazer com que ele tenha interesse de voltar à sua ilha e recomprar o seu produto ou serviço.

Basicamente urge pensar em pontos principais. Vejamos:

1. Criar formas de mostrar claramente o seu produto ou serviço (plataforma digital)

2. Criar caminhos para que os seus clientes cheguem até você (marketing digital)

3. Criar um local de relacionamento com seus clientes e potenciais clientes (mídias sociais)

Sua ilha

Feita essa analogia, vamos pensar no Desinchá novamente. Nosso negócio é vender um chá inovador de maneira diferente. Seguindo o primeiro desses três pontos, devemos mostrar claramente nosso produto para que se inicie a nossa presença digital. Sendo assim, há a necessidade de uma plataforma digital por meio da qual nosso cliente e potencial cliente possam saber mais sobre o produto e até comprá-lo ali mesmo. No nosso caso, como vendemos um produto, o que precisávamos era de um *e-commerce*.

Vender o Desinchá de forma *online* foi a primeira coisa que imaginamos para o produto. Não é à toa que o desenvolvemos para isso. O propósito do Desinchá é ser um chá que leve as pessoas a consumi-lo diariamente. Essa é a melhor forma de colher os benefícios do produto. Sendo assim, consideramos dois motivos que nortearam o desenvolvimento do Desinchá no formato de 60 sachês. O primeiro motivo está alinhado à missão da marca. Queremos que o Desinchá seja o primeiro hábito saudável do seu dia e sabemos também que o tempo médio para uma pessoa desenvolver um hábito saudável é de 60 dias. Dessa forma, elaboramos uma caixa pensando na criação do hábito e na transformação do cotidiano dos nossos clientes em dias mais saudáveis. O segundo motivo diz respeito à praticidade. Se a caixa vem com mais unidades, isso poupa o nosso cliente de comprar o produto mais vezes, o que o leva a economizar o valor do frete, ou seja, trata-se de um produto perfeito para ser vendido *online*.

Caso o seu negócio seja vender produto, como é o nosso caso, é fundamental ter um *e-commerce*. Ele será o principal ponto de contato dos seus clientes com o seu produto. Através dele, seus potenciais clientes e os clientes têm acesso às principais informações necessárias para adquirir o produto. Mas não para por aí. Levando em consideração que o seu negócio é um serviço que pode ser vendido pela *internet*, também é essencial que você tenha um canal de vendas por lá. Considere, por exemplo, que seu trabalho é uma consultoria para negócios. Nada impede que você venda isso *online* e depois atenda seus clientes pessoalmente. Ou até ir além: por que não transformar seu serviço em um método *online* e, assim, conseguir difundir muito mais o seu negócio e conquistar mais clientes de uma só vez?

É muito importante iniciar a presença digital com um canal claro, em que o seu cliente consiga adquirir o seu produto e obter mais informações. Se não, de que adianta construir pontes para o seu cliente chegar até você, se você não consegue vender *online* o produto? Tudo bem, claro que existem casos em que é impossível entregar o serviço de forma *online* ou até mesmo vendê-lo. Quando essa for a situação, o fundamental é ter um local para recepcionar os clientes, para que eles possam saber mais sobre o serviço e entrar em contato diretamente. Se for possível segmentar o cliente, melhor ainda. Dessa forma, você já aumenta as chances de conversão quando houver o contato.

Essa é a sua ilha. É fundamental que a sua plataforma *online*, seja ela um *e-commerce*, *site*, um *blog*, seja apenas uma página de informações, descreva bem o produto ou o serviço que você está ofertando com o seu negócio. Só assim as pessoas vão entender a proposta de valor do que você está vendendo e se interessar por isso.

Suas pontes

Agora vamos voltar ao Desinchá. Até o momento da história, já sabíamos bem o que vender e onde vender, certo? O que faltava naquele momento era criar as pontes, ou seja, os caminhos para que os nossos clientes pudessem chegar até nós e retornar posteriormente. E é aí que a coisa fica legal! Vamos agora entender melhor como fazer com que os seus potenciais clientes cheguem, voltem e amem o seu negócio.

Para criar essa interação entre as pessoas e o seu negócio, temos várias estratégias. Aqui, abordaremos apenas as três principais, que vão alavancar o seu negócio para outro patamar. São elas:

- Mídias sociais
- Influenciadores
- Tráfego pago

Vamos, então, destrinchar cada um desses caminhos. Para isso, voltaremos ao Desinchá.

Mídias sociais

Durante a nossa jornada com o Desinchá, tivemos vários desafios. O maior deles foi criar o produto em si. Demoramos quase dois anos para chegar ao Desinchá da forma que o lançamos. Foram muitos testes e muitos parceiros diferentes até alcançar o produto que gostaríamos. E o tempo gasto para que tivéssemos o produto no qual acreditávamos foi suficiente para que pensássemos em tudo que precisaríamos para o negócio. Assim, aproveitamos o tempo de desenvolvimento do produto buscando trabalhar a nossa presença digital.

Já tínhamos a clara noção do poder das mídias sociais. Éramos proprietários de outros negócios nos quais fazíamos uso das principais mídias sociais para fomentar o crescimento. Além disso, sempre tivemos um olhar para o mercado americano, e por lá sempre foi possível acompanhar *cases* de sucesso em que o foco total da empresa era fazer crescer suas redes sociais e utilizar esse canal como a principal ponte para levar os clientes até o negócio.

Dessa forma, enquanto o Desinchá estava em desenvolvimento, cultivamos uma base de 8 mil usuários no Instagram (principal mídia social em 2017 para o nosso público-alvo). Fizemos uma estratégia completa para isso. Como ainda não tínhamos o Desinchá pronto, era praticamente impossível ter presença digital, já que não existia o produto para ofertar aos clientes. Então, decidimos criar um Instagram e postar dez vezes por dia, durante oito meses, até o lançamento do Desinchá, com fotos e legendas que gerassem valor para nosso público-alvo. Postamos apenas coisas relacionadas à saúde e ao bem-estar.

Sim, deu trabalho, e como deu. Imagina só, postar dez vezes por dia algum conteúdo nas redes sociais... Se já tentou postar uma única foto, você sabe a dificuldade que é para pensar qual foto, qual legenda e qual o melhor horário da postagem. Mas todo trabalho duro traz algum benefício, e para nossa empresa isso foi crucial. Quando lançamos o Desinchá, estimamos uma base de 8 mil pessoas que se conectavam completamente com a missão do produto, já que visitavam a página em busca de dicas para ter uma vida saudável. Isso fez com que já tivéssemos vendas logo no primeiro dia em que lançamos o produto.

Percebeu a ponte que criamos? Como o produto ainda não estava disponível, não existia a ilha para onde levar as pessoas, mas, mesmo assim, começamos a construir a ponte através das mídias sociais, para que, quando nossa ilha estivesse pronta, as pessoas já soubessem o caminho até lá. Ou seja, não existem desculpas para não tomar atitudes! Com ou sem o produto, já focamos em criar formas de o nosso potencial cliente ir até nós. Você pode fazer o mesmo!

Esse é o primeiro passo com a intenção de levar os potenciais clientes até o seu negócio. Atualmente, estamos presentes em cinco principais redes sociais no Brasil: Instagram, Facebook, LinkedIn, Twitter e YouTube. Descubra onde o seu público-alvo está e vá com tudo para construir essas pontes. Se seu público é mais relacionado a negócios, o LinkedIn deve ser o caminho. Se ele adora conteúdo visual, o Instagram é uma ótima opção. O Facebook se destaca para gerar conteúdos e convertê-los em vendas. O Twitter, por sua vez, é bom para o posicionamento da marca, e o YouTube é o lugar para gerar conteúdos de valor em forma de vídeo.

Às vezes, pode ocorrer de o seu público não ser muito

segmentado, como, por exemplo, o público do Desinchá. Apesar de termos um nicho claro de atuação no mercado de saúde e bem-estar, praticamente todas as pessoas buscam melhorar esse aspecto da vida, o que torna nosso público muito abrangente. Nesse caso, o caminho às vezes é ter um foco maior em uma única rede social, mas estar presente em todas elas, na medida do possível. Quanto mais pontes você for capaz de construir, mais pessoas vão encontrar o caminho para a sua marca, produto ou serviço. Tenha isso sempre em mente.

Influenciadores

Essa estratégia é fundamental para movimentar as suas redes sociais e fazer com que novas pessoas conheçam o seu produto ou serviço.

Apesar de a maneira como os negócios se dão ter mudado muito ao longo do tempo, certas premissas continuam as mesmas. Por exemplo, as recomendações. Já parou para pensar no peso da recomendação dos seus amigos? Desde antigamente, isso se sucede da mesma forma. Se um amigo diz que gostou muito de um restaurante, por exemplo, você não pensa duas vezes antes de experimentar, certo? E sabe por que isso ocorre? Porque você sente confiança na palavra dessa pessoa. Você confia em suas recomendações e, por isso, quando chega a hora de decidir onde jantar com sua família, você nem se lembra do restaurante que viu naquela propaganda e vai direto àquele recomendado pelo amigo.

A mesma lógica funciona para influenciadores. Mas o que são influenciadores? São pessoas, marcas ou grupos que se popularizaram muito nas redes sociais. Eles conseguem ter milhares e, até mesmo, milhões de seguidores e interagem com eles frequentemente, sempre em busca de melhorar o engajamento e se tornarem referência no que fazem. Pelo fato de construírem uma base de seguidores fiéis e com alto grau de interação, os melhores influenciadores funcionam como amigos para sugerir novidades às pessoas que os seguem. E por isso a estratégia com influenciadores é tão eficaz.

O ideal aqui é buscar influenciadores do seu nicho e que realmente trabalhem com qualidade. No caso do Desinchá, utilizamos muito tal estratégia. No início da empresa, tudo se dava de forma orgânica. Como já tínhamos uma base boa de seguidores em nosso Instagram, conseguimos alavancar bem as vendas sem ajuda de outros canais, utilizando apenas as ferramentas dessa mídia. Isso fez com que as pessoas comprassem o produto desde o início, e, pelo fato de elas adorarem postar o Desinchá nas redes sociais, muitos influenciadores postaram, e postam, a nossa marca de forma orgânica, ou seja, sem nenhum tipo de parceria paga.

Abaixo segue um pequeno Plano de Ação para dar início a essa estratégia tão importante.

- Procure os maiores e melhores influenciadores da rede social que mais se conecte com seu público-alvo. Escolha sempre influenciadores do nicho do seu produto ou serviço. Busque sempre aqueles realmente autênticos, isto é, os que apenas postam no que realmente acreditam. Desde o início do Desinchá, só buscamos influenciadores que, antes de divulgar, provaram o produto, realmente gostaram e por isso se sentiram à vontade para recomendá-lo. Isso nos leva à segunda ação.

- Envie seu produto ou informações do seu serviço aos influenciadores de forma gratuita para que eles possam testá-lo. Fazemos isso frequentemente no Desinchá. Primeiro porque acreditamos muito no produto e o fazemos chegar aos influenciadores que levam a sério cuidar da saúde e do bem-estar. Isso faz com que grande parte deles queira postar o produto de forma gratuita e assim você consegue fazer com que os seguidores desse influenciador passem a conhecer o seu produto. Segundo, porque é uma ótima ferramenta para *feedback*. Toda vez que enviar às pessoas o seu produto, peça-lhes que digam o que acharam sobre ele e se existe algo que deva ser aperfeiçoado. A mentalidade de melhoria constante é muito importante para qualquer negócio.

- O terceiro passo é escolher, dentre os que gostaram da sua marca, serviço ou produto, os melhores, com o intuito de fechar parcerias duradouras. Muitos influenciadores ganham a vida com as redes sociais. Por isso, é interessante fechar parcerias pagas com aqueles que já consomem o produto, gostam dele e o recomendam. Dessa forma, você garante que esses influenciadores selecionados estejam sempre recomendando o produto ou serviço, e cada vez mais pessoas queiram experimentar aquilo que o seu negócio oferece.

Tal estratégia de influenciadores é sensacional porque lança mão do poder das recomendações. Quando a recomendação é autêntica, ou seja, a pessoa realmente gosta daquilo que recomenda, ela o faz de forma verdadeira, e as pessoas que a acompanham percebem isso. E, como os influenciadores de qualidade estão sempre ligados aos seus seguidores, essa recomendação é tão forte quanto a de um amigo próximo, o que faz com que você crie uma ponte muito robusta entre o público desse influenciador e a rede social do seu negócio. Através da sua rede social, você fará a ponte dessas novas pessoas ao seu produto ou serviço. Essa estratégia foi essencial para o crescimento do Desinchá e esperamos que ajude você no seu negócio.

A última estratégia é a de tráfego pago

Como já falamos anteriormente, no mundo digital você acaba competindo com milhares de informações ao mesmo tempo. São *posts* de amigos, celebridades, anúncios, notícias e muito mais. Tudo ao mesmo tempo, dentro de uma mesma rede social. E muitas vezes isso faz com que os conteúdos do seu negócio, que você gera em suas redes sociais, passem completamente despercebidos para seu público. Além disso, basicamente todas as pessoas que ficam sabendo de alguma coisa que queiram adquirir, mas ainda não têm tanta certeza, fazem a mesma coisa. Sabe dizer o que é? Simples: pesquisam isso no Google!

Segundo o próprio Google, 97% dos consumidores usam

a *internet* para pesquisar sobre negócios locais. Esse dado por si só nos mostra duas coisas extremamente importantes. A primeira é que, se a maioria dos seus potenciais consumidores está pesquisando sobre isso *online*, isso nos diz que a presença digital é fundamental para qualquer negócio. A segunda é que você deve estar bem posicionado nas ferramentas de busca, como, por exemplo, no Google, para que as pessoas consigam visualizar o seu negócio com mais facilidade.

Exemplificando: você já pesquisou sobre um produto que viu em alguma rede social e não encontrou nenhuma informação no topo do Google? Provavelmente se isso ocorreu, você imediatamente perdeu a vontade de saber mais sobre aquilo que pesquisava. Isso se dá porque estar bem posicionado digitalmente traz muita credibilidade, principalmente no Google.

Além disso, em todas as principais mídias sociais é possível patrocinar suas publicações ou fazer publicações específicas, que serão impulsionadas através das plataformas de compra de tráfego, dentro de cada uma das mídias sociais.

Isso tudo faz parte da estratégia de tráfego pago. Tudo bem... mas o que é isso?

Bom, primeiramente, tal estratégia envolve alguns conhecimentos mais avançados. Portanto, recomendamos fortemente que procure alguma empresa especializada em compra de tráfego e *rankeamento*; caso contrário, você corre sérios riscos de jogar dinheiro no lixo.

Google Adwords e Facebook Ads são as principais ferramentas com as quais trabalhamos no Desinchá, porque elas envolvem as redes sociais em que mais estamos presentes: Google, Facebook e Instagram. Ainda existem outras como LinkedIn Ads e YouTube Ads, que funcionam de maneira bem similar, e ferramentas mais complexas como Taboola e Outbrain, que trabalham com anúncios nativos, que podem ser bem importantes, dependendo do segmento do seu negócio. Não vamos abordar aqui as ferramentas mais complexas em razão da utilização mais segmentada, mas é legal ter em mente caso o seu negócio demande vendas mais complexas.

Tráfego pago, como o nome já diz, é um tráfego, ou seja, uma ponte que você constrói para levar pessoas à sua ilha, de forma paga. Seja o seu *site*, seja uma rede social, seja uma página específica que deseja, é possível levar pessoas de forma paga para qualquer um desses locais. Vamos exemplificar de forma simples para que você entenda o poder dessas ferramentas quando elas são configuradas por profissionais que sabem o que estão fazendo.

Quando uma pessoa se conecta a uma das redes sociais do Desinchá, quer pelo Instagram, quer pelo Facebook, nas quais estamos mais presentes no momento em que escrevemos este capítulo, essa pessoa passa a se engajar com a nossa página, e isso diz ao nosso sistema que ela se interessou pelo nosso conteúdo. Dessa forma, as ferramentas de *ads* que utilizamos são capazes de marcar tais pessoas que se interessaram e de direcionar os anúncios que criamos diretamente para as redes sociais delas. Assim, ela acaba vendo ainda mais conteúdos sobre o Desinchá, o que faz com que ela tire suas dúvidas, entre mais vezes no nosso *site* e eventualmente vire nossa cliente.

Outra ótima e essencial forma de fazer com que as pessoas vejam mais o seu produto é através do Google, como mencionamos anteriormente, principalmente por sua ferramenta própria de compra de palavras. Por exemplo: se você pesquisar qualquer coisa relacionada a desinchar, retenção de líquidos ou qualquer outro termo que esteja relacionado ao Desinchá, você verá o nosso *site* no topo do Google e assim já poderá acessá-lo com muito mais facilidade. Utilize essa poderosa ferramenta para *rankear* o seu *site* no topo do Google. Isso vai fazer com que as pessoas vejam muito mais o seu negócio.

Relacionamento

Já mostramos duas das três principais tarefas para ter forte presença digital. Agora vamos à terceira: criar um local de relacionamento com seus clientes e potenciais clientes.

Está na hora de garantir que as pessoas sempre achem o caminho de volta à sua ilha, ou seja, assegurar a continuidade do relacionamento com seus clientes e potenciais clientes, criando um local onde eles terão acesso de forma clara e rápida às principais novidades da marca. Outra intenção é que a pessoa consiga entrar em contato com a empresa e, além disso, possa compartilhar com seus amigos, recomendando o seu produto ou serviço.

Já falamos das redes sociais como uma bela ponte de contato entre as pessoas e seu produto ou serviço. Agora, vamos abordar o outro lado das redes sociais, aquele em que realizamos o real propósito delas: socializar.

Redes sociais são perfeitas para a estratégia de *branding* da sua empresa. Será o principal ponto de contato das pessoas com seu produto ou serviço. Pare para pensar... as pessoas entram muito mais vezes por dia no Instagram ou no Facebook do que em um *site* específico ou mesmo fazem buscas no Google quando não estão trabalhando, certo?! Essa é a questão. Por isso, é tão importante que você esteja presente de maneira constante nas redes sociais. É o local perfeito para que as pessoas acessem diariamente os conteúdos da sua empresa, interajam com ela e compartilhem com os amigos. Em relação ao Desinchá, conseguimos criar uma comunidade de mais de 600 mil pessoas, no Instagram, em menos de nove meses. Isso fez com que a marca obtivesse um "*love brand*" muito grande. As pessoas estão constantemente compartilhando nossos conteúdos, marcando os amigos e engajando-os em nossos perfis.

Usar as redes sociais para se relacionar com seus clientes é essencial por três motivos principais.

O primeiro deles é a coleta de *feedbacks*. Pelas redes sociais, você consegue notar claramente se o seu produto ou serviço está agradando à maioria ou se precisa de melhorias em certos aspectos. Utilize essas ferramentas para se engajar com seus seguidores e extrair o máximo de informações possível. Só assim você poderá aplicar a mentalidade de melhoria constante no seu negócio e realizar isso de acordo com o que os seus clientes de fato querem. Essa é uma maneira de garantir que seu negócio continue crescendo por muitos anos.

O segundo motivo diz respeito à criação de conteúdos de valor. Quanto mais conteúdo de valor você consegue criar e oferecer aos seus seguidores, mais valor eles enxergam no produto que você vende. Além de ser sensacional proporcionar às pessoas conteúdos que elas estão procurando, é melhor ainda poder retribuir o carinho dos seus clientes com ações promocionais e eventos. Tudo isso pode ser feito por meio das redes sociais, o que vai tornar o seu negócio cada vez mais amado e desejado pelas pessoas, o que chamamos de "*love brand*".

O terceiro grande motivo para estar nas redes sociais é a fidelização do seu cliente. Estar em constante contato com seus clientes e potenciais clientes aumenta muito a probabilidade de eles voltarem a comprar o seu produto ou serviço e priorizá-lo em relação à concorrência. Dessa forma, você garante que seus clientes estejam satisfeitos, amem a marca e lembrem-se sempre de consumir seu produto ou serviço.

Conclusão

Para finalizar, é interessante que você, ao aprender coisas novas, coloque-as em prática imediatamente. Esse conselho não tem necessariamente a ver com ter forte presença digital, mas sim em partir para a ação e fazer com que as coisas aconteçam de forma mais rápida. Todo negócio precisa de agilidade e de muita ação a fim de que a proposta saia do papel. Isso vai garantir que sua empresa, ou as melhorias na sua empresa, nunca fique no mundo das ideias, e sim se torne realidade.

Vamos recapitular o que aprendemos neste capítulo da forma mais resumida possível.

Toda empresa é uma ilha! Se não criar pontes, você nunca conseguirá fazer com que seus clientes e potenciais clientes cheguem até você. Além de pontes, é preciso estabelecer laços fortes com seu cliente e potencial cliente, e assim ter um relacionamento constante com eles, fazendo com que amem sua empresa e estejam sempre consumindo seus produtos e serviços.

Construa sua ilha (plataforma digital) de forma robusta, com todas as informações para seu cliente entender sua proposta de valor e formas de ele consumir o produto ou serviço ali mesmo. Fazer a venda de forma digital é fundamental nos tempos atuais.

Construa suas pontes fazendo uso do poder das mídias sociais, de influenciadores e também do tráfego pago. Isso garantirá que as pessoas cheguem até sua ilha e saibam sempre o caminho de volta.

Construa o relacionamento com seus clientes e potenciais clientes utilizando o propósito principal das redes sociais. Isso garantirá que sua marca seja amada e que seus clientes sempre se lembrem de voltar à sua ilha.

Nunca se esqueça do poder da presença digital. Foque e direcione seu negócio para a *internet* e fique sempre atento às novidades desse meio. Essa é uma forma de garantir que o seu negócio sempre esteja crescendo e que mais pessoas tenham acesso ao seu produto e serviço. Agora é hora de partir para a ação!

Nos vemos *online*!

Venda mais:
agregando valor

Marcelo Augusto Gomes Cataldo

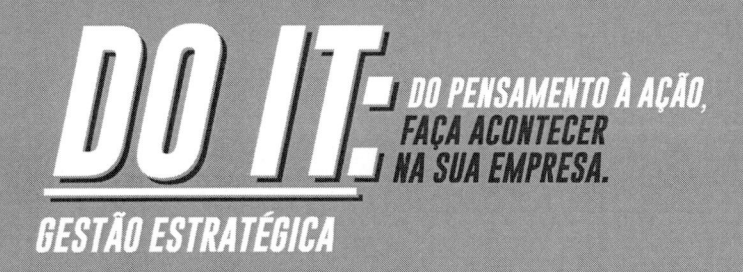

DO IT: DO PENSAMENTO À AÇÃO, FAÇA ACONTECER NA SUA EMPRESA.
GESTÃO ESTRATÉGICA

MARCELO AUGUSTO GOMES CATALDO

Empresário do ramo de joias, atua há 17 anos como distribuidor dos produtos Rommanel, empresa fabricante de joias folheadas a ouro e aço, com mais de 300 colaboradores no Estado de Minas Gerais. Graduado em Administração e Comércio pela UNA e pós-graduado em Administração Financeira pela Fundação Dom Cabral.

Introdução do capítulo

....

Vender é uma arte. E vender agregando valor, uma arte maior ainda. Há bons vendedores, que tratam um produto de R$ 40 como se valesse R$ 500; mas o inverso também é verdadeiro. Não é difícil descobrir qual vendedor atingirá o sucesso, certo?

Todos nós somos vendedores. Pode acreditar nisso. Já ouvi algumas pessoas falando que não conseguem vender nada, mas elas se enganam. Quando menos percebem, estão vendendo alguma coisa, isto é, uma ideia, um desejo, tentando convencer alguém a fazer algo.

Outro dia um amigo me contou que havia sido convidado para participar de um processo seletivo de uma empresa. Ele, porém, enfatizou que não estava muito interessado, visto ser gerente financeiro de uma grande rede de varejo e havia pouco recebera um bom aumento de salário. Todavia, como foram muito insistentes, ele acabou indo, chegando até a entrevista final. Indagado sobre a pretensão do salário, ele apresentou um valor que correspondia exatamente ao dobro do que ganhava, pois, em suas palavras, ele "não tinha nada a perder". O resultado é que ele foi contratado. Depois, curioso, buscando saber o que levou a empresa a admiti-lo, a informação que obteve foi a seguinte: "Uma pessoa que se vende tão bem não poderia deixar de ser contratada".

Marcelo Augusto, o Guto, como muitos o conhecem, sabe bem disso. Desde muito cedo, tem a arte de vender em sua veia e demonstra isso neste capítulo, de forma agradável.

Vale a leitura!

Mário Mateus

Venho de uma família de trabalhadores e desde muito cedo entendi que o trabalho liberta as pessoas e faz com que se sintam úteis. Quando tinha por volta de oito anos, eu já compreendia que, se quisesse ser uma pessoa de destaque, bem-sucedida, respeitada e querida, eu tinha de me aproximar de pessoas que me trouxessem inspiração para alcançar esses objetivos. Talvez fossem aspirações muito precoces para uma criança tão pequena, mas, com certeza, me ajudaram a conquistar todos os meus sonhos.

Eu sempre vi nas pessoas mais experientes uma fonte inesgotável de dicas, mas também de falhas, erros e acertos. Experiências que sempre ouvi com muita atenção, pois, assim, podia chegar às minhas próprias conclusões, tendo uma visão daquilo que eu poderia evitar para alcançar sucesso na minha vida. E tudo isso foi de grande valia para o meu futuro.

Minha formação é repleta de desafios e dificuldades, que enfrentei desde o colégio até a pós-graduação. Aliás, os estudos são parte importante da minha história de vida. Em todas as situações, posso afirmar que me esforcei para fazer o melhor que podia. Se minhas tarefas da escola não eram as de mais alto conceito, eu sabia que, dentro das minhas limitações, tinha feito o máximo. E esse pensamento me ajudou a seguir em frente com bastante coragem e otimismo.

Tendo em mente meu objetivo de conseguir sucesso pessoal e profissional, minha filosofia era não desperdiçar tempo e energia com coisas que não fizessem sentido para os meus planos de futuro. Então, coloquei – e coloco até hoje – foco e determinação nas tarefas que me interessavam. E esta é uma dica valiosa para quem quer se desenvolver e alcançar objetivos: não perca tempo com o que não vale a pena; saiba distinguir o que contribui verdadeiramente para a conquista de seus objetivos.

A venda na minha vida

E como a opção pela área de vendas aconteceu na minha vida? Bem, desde muito novo fui cercado de bons exemplos de vendedores, que certamente me influenciaram nessa escolha.

Foram três as minhas maiores inspirações: meu avô Antônio, que tinha um açougue e também fazia a venda de secos e molhados, como se chamava na época. Minha avó Santinha, uma empreendedora nata, que comprava tecidos em São Paulo para fazer roupas de festa para as amigas e conhecidas. E, minha maior inspiração, minha mãe. Não poderia deixar de ser, pois era exímia vendedora e atuou como professora, executiva de fronteira, estilista de moda e empresária.

Cada um deles foi muito importante na minha formação como indivíduo. Todos me ensinaram muito e me marcaram positivamente em relação à importância da venda na vida das pessoas.

Com eles aprendi que bom humor e simpatia são imprescindíveis em um vendedor, mas um sorriso só atrai quando é sincero e espontâneo. Não adianta fingir, porque o cliente vai perceber; não tenha dúvida.

Também aprendi que, para conseguir relacionamentos volumosos e duradouros em vendas, a comunicação é essencial. Quanto mais nos comunicamos, falando sobre o que fazemos, como fazemos e por que fazemos, mais mostramos às pessoas que pode ser bom fazer parte do nosso convívio, como conhecidas, amigas ou clientes.

Todas as vezes que fizermos uma venda, devemos pensar – e também fazer o outro pensar – que valeu a pena. E, neste ponto, ainda não estou falando de dinheiro.

Orgulho de ser vendedor

Muitas vezes me pego pensando sobre o que seria do mundo se não fosse a venda, tamanha importância que tem para todos, sem exceção. Por isso, tenho muito orgulho de exercer a profissão de vendedor.

Tudo que usamos, comemos, vestimos foi vendido por alguém e isso torna os profissionais de vendas, na minha opinião, o elo mais importante de uma cadeia produtiva.

Pare e pense: se não existissem vendas, não existiriam fábricas, lojas, escritórios, bancos... Nada disso teria sentido sem a venda.

Orgulho de pertencer à Rommanel

Para um vendedor, é quase uma obrigação enxergar a ocasião de venda. Na época em que vendia cosméticos, em uma reunião com o CEO da empresa, afirmei: "quem usa batom, usa brinco!" O que quis dizer com isso? Que a ocasião é a mesma e está sendo subutilizada. Na verdade, muitas vezes olhamos apenas o "como fazer" e deixamos de olhar o "por que fazer". Temos de mudar o olhar; sair da caixa e enxergar as oportunidades.

E as oportunidades aparecem. Numa história de mineiro, desconfiado e leal aos seus princípios e valores, depois de três encontros com o gerente comercial da Rommanel, iniciamos a distribuição no Estado de Minas Gerais. Os desafios foram muitos, mas o principal foi tornar a marca conhecida e desejada.

Em um trabalho constante de reforço da marca, muitas ações foram executadas nestes 17 anos de trabalho e parceria com a Rommanel. O que mais criou empatia para a marca foram os princípios com os quais os dirigentes regem o negócio no Brasil e no mundo: muita seriedade, muito trabalho e, acima de tudo, muita transparência, proporcionando o desenvolvimento profissional e pessoal para todos os que entram em contato com a marca.

Outra coisa que encanta muito é a filosofia da empresa, a prática de ajudar o próximo. Isso está no DNA da Rommanel. Multiplicamos muitas ações em iniciativas solidárias, ajudando e ensinando pessoas a alçarem seus voos sozinhas. É mais que ajudar. É envolver a sociedade de modo que todos tenham a oportunidade de fazer o bem. É envolver nossos colaboradores para que também eles possam ajudar a comunidade da qual fazem parte e transformar o entorno de nossas lojas em sociedades do bem.

Juntos somos mais fortes

Hoje, fazer parte da Rommanel é motivo de grande orgulho, assim como é motivo de muito orgulho o time que faz parte disso tudo: eu; minha esposa, Luíza Cataldo; meus pais, Pedro e Moabe Cataldo; minha irmã Milena; meu cunhado Leonardo; alguns primos e primas; e nossos mais de 300 colaboradores, que carinhosamente chamamos de associados. Esta é a família Rommanel.

Cuidamos dessa galera de forma muito especial e muito próxima, pois não oferecemos apenas um emprego. Oferecemos um projeto que vai além do simples trabalho; oferecemos um propósito que envolve progresso, evolução, desenvolvimento e crescimento pessoal.

Contamos ainda com nossas empreendedoras. São nossas clientes, que hoje trabalham para crescer e aprender cada vez mais sobre como ser uma empreendedora, não apenas uma vendedora, uma consultora de vendas.

Fazemos a diferença com a nossa escola de desenvolvimento pessoal, com palestras e cursos gratuitos, em que todos aprendem sobre diversos temas – como finanças, administração do tempo, marketing, marketing pessoal, moda –, visando à expansão do pensamento empresarial, transformando empreendedoras em empresárias. Assim, elas adquirem autoestima, reconhecimento familiar, oportunidades de realizar sonhos e histórias de vidas, fazendo valer a pena.

O que faz de nós, vendedores, pessoas especiais?

Bem, depois de falar sobre como a venda é imprescindível no mundo atual, vou apontar aqui três motivos pelos quais, ao optarmos pela carreira de vendas, nos tornamos pessoas especiais, sem falsa modéstia.

Em primeiro lugar, sabemos da nossa importância no mundo, principalmente entre os nossos clientes.

Em segundo lugar, somos a força-motriz de qualquer economia. Nossa relevância na cadeia produtiva se justifica também pelo impacto que temos no nível de emprego do país. Com nossa atuação, geramos empregos de forma direta e indireta.

O terceiro motivo é que buscamos estar sempre atentos às mudanças de comportamento dos consumidores e do mercado. Estamos continuamente aperfeiçoando nossos conhecimentos, principalmente por meio de boas leituras, palestras e de contatos com grupos de profissionais da nossa área para uma troca de experiência real.

Temos o privilégio de viver em uma época na qual quanto mais a pessoa compartilha, mais ela adquire conhecimento. A consequência disso é que teremos melhor desempenho, novas possibilidades de desenvolvimento e mais chances de ser bem-sucedidos. O bom aproveitamento das informações que se adquire é primordial para os profissionais que pretendem se destacar.

Como agregramos valor às nossas vendas?

Essa é uma questão muito importante atualmente, pois agregar valor é palavra de ordem em muitas atividades. Então, a princípio, devemos nos perguntar e entender três pontos essenciais: 1. Qual o meu objetivo nesta venda?; 2. Quem é o meu cliente em potencial?, e 3. O que faz diferença, ou o que é relevante, para o olhar desse cliente?

Porque é o cliente quem diz o que é relevante, o que tem qualidade, o que tem importância. Não adianta a gente falar de forma brilhante se o cliente não enxergar dessa forma. De nada adianta; o esforço é em vão.

Para ajudar o leitor a compreender melhor o meu ponto de vista, cito um exemplo. Um vendedor de carro, ao concretizar uma venda, abre caminho para futuras vendas para toda a família do cliente. Hoje, a compra é para ele; amanhã, para a esposa, para os filhos. E potencialmente ele induzirá a compra entre os parentes e demais contatos. Esse ciclo, claro, vai depender de como o vendedor o encarou como cliente.

O vendedor deve ter sempre em mente que está promovendo um bem maior a esse cliente que está comprando o carro. A venda envolve também conforto, praticidade, lazer e até mesmo *status*. Mas, para ter certeza disso, o vendedor deve conhecer muito bem o cliente: seu estilo de vida, suas necessidades, seu passado e os planos para o futuro.

Como assim, "saber do passado do cliente"? Sim, conhecer a história de vida dele: o que o fez chegar aqui para concretizar um desejo ou uma necessidade; saber que ele andou de ônibus e que às vezes precisou andar a pé, pois nem mesmo podia pagar a condução, e que agora ele pode comprar um carro de último modelo. Diante dessa análise, o vendedor saberá o que oferecer para ele: um meio de locomoção ou um prêmio pela conquista em poder adquirir aquele veículo. Essa é a sensibilidade que um vendedor deve ter na hora da venda. Conhecer o passado do seu cliente pode gerar ótimas oportunidades de negócio.

E por que saber dos planos do seu cliente para o futuro? Devemos estar atentos às dicas que os clientes nos dão, pois todos nós queremos ser bem atendidos, mas, sobretudo, queremos nos sentir especiais e únicos. Tendo ciência dos planos futuros do cliente, saberemos como nos posicionar para apoiá-lo a concretizar seus desejos.

Para a maioria das mulheres, em relação à compra de um carro, os itens mais relevantes, ou os assuntos que mais lhes trarão abertura na hora da venda, são os relacionados à segurança, principalmente se elas forem mães. Já para os homens, a variação de aspectos que podem ser abordados é maior e inclui o *design* do automóvel, o *status* que ele pode proporcionar, a potência, o desempenho, o valor de revenda, dentre outros.

Fica claro que, para sermos bem-sucedidos, devemos saber as necessidades de cada cliente para oferecer ou indicar opções e ressaltar os benefícios, sempre lembrando que uma venda pode mudar o rumo de uma história de vida.

Então, meu conselho é que você, vendedor, se comprometa a fazer parte, a marcar positivamente a vida de seus clientes. Dessa forma, com certeza, você desfrutará de uma legião de seguidores que, além de continuarem a comprar com você, serão propagandistas do seu talento e dedicação.

Quando você concretiza uma venda, o mais importante, o maior ganho do vendedor, sem sombra de dúvida, não é a comissão. Na verdade, esse é o item de menor importância. O maior ganho do vendedor é o momento único que ele vai oferecer ao comprador daquele produto; é o momento único que aquela venda vai proporcionar na vida daquela pessoa que efetuou tal compra, seja para ela mesma, seja para presentear alguém.

E, para concluir, reforço a importância de nunca parar de adquirir conhecimento, de se atualizar, para alcançar não só o crescimento profissional, mas também a realização pessoal, por fazer a diferença na vida de seus clientes.

Sistema de informação integrado:
Tudo o que você precisa saber em um click

Marcelo Lombardo

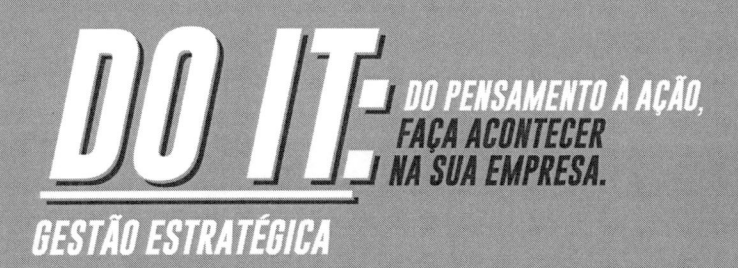

DO IT: DO PENSAMENTO À AÇÃO, FAÇA ACONTECER NA SUA EMPRESA.
GESTÃO ESTRATÉGICA

MARCELO LOMBARDO

CEO da Omiexperience, empresa que desenvolve o Omie, sistema de gestão empresarial (ERP) em nuvem, feito para ser distribuído em parceria com escritórios contábeis e atendido pela rede de franquias em todo o País. Atuou por mais de 15 anos como diretor de desenvolvimento de negócios, diretor comercial, diretor de marketing e diretor de tecnologia. Especializado em ERP e Estratégia Empresarial.

Introdução do capítulo

• •

Sistema de Informação é o conjunto de elementos interligados, automatizado ou manual, que abrange pessoas, máquinas e métodos organizados para coletar, processar, transmitir e disseminar dados que representam informação para o usuário e o cliente.

Informações são dados oferecidos de forma significativa e útil aos indivíduos.

Dados, por sua vez, são correntes de fatos brutos que importam eventos que estão ocorrendo nas organizações ou no ambiente físico, antes de esses terem sido organizados e arranjados de maneira que as pessoas possam entendê-los e usá-los.

O que pude observar, ao longo desses 35 anos acompanhando empresários, é que seus desafios estavam justamente em lidar com tais dados e transformá-los em informações realmente úteis.

No início, era controle no papel e caneta, uma verdadeira loucura. Livro-caixa, anotações, *cardex* (esta eu tirei do fundo do baú); tudo com o intuito de gerar controle e informações.

Depois vieram os sistemas, porém, com um grau de complexidade que levava o empresário a ter uma equipe especializada naquele sistema, com horas de treinamento, e, pouco intuitivo, sistemas extremamente pesados.

Não vai aqui nenhuma crítica; pelo contrário, eram excelentes sistemas, mas tudo mudou. E isso também precisava evoluir. Como bem nos demonstra meu grande amigo Marcelo Lombardo, neste capítulo, sistemas simples, contudo sem ser simplórios, que usam toda a tecnologia disponível para trazer ao empresário, de maneira ágil e dinâmica, aquilo que ele mais necessita visando a sua tomada de decisão: a informação.

Marcelo, este capítulo de sua autoria nos dá uma aula sobre os sistemas de informação integrados à atualidade.

De tão boa, a leitura passa em um click!

Mário Mateus

Prefácio

A princípio, pode parecer estranho para alguém que começa a ler um capítulo sobre Sistema de Informação Integrado perceber aqui fatos e dados que parecem estar mais conectados com o cenário macroeconômico e com o comportamento humano. Isso é porque temos, cada vez mais, à nossa disposição tecnologia de ponta para melhorar os nossos negócios e não a usamos corretamente. E, para mudar esse cenário, mais do que tecnologia, temos de olhar o ser humano.

Trabalhar o ser humano é essencial. Recentemente fui a um congresso e assisti a uma palestra de um dos mais renomados *hackers* mundiais de segurança cibernética. Ele comentou sobre a experiência de ter sido contratado por uma empresa para tentar invadir os sistemas dela, a fim de testar o nível de segurança contra roubo de dados. Após semanas de tentativa, esse profissional não obteve nenhum sucesso, além de conseguir invadir um terminal de uma área remota da empresa. O *hacker* então descobriu, falando com pessoas em bares ao redor da empresa, o nome e o ramal dessa pessoa.

Como passo seguinte, ele simulou no terminal desse usuário uma tela de *login* e ligou para o ramal do usuário: "Olá, sr. XXX, aqui é da área de TI, precisamos fazer um teste em seu terminal. Você está vendo uma tela de *login*? Ok, preciso que você entre com seu usuário e senha".

Com isso, o *hacker* estava de posse de credenciais para entrar pela porta da frente e roubar o dado que quisesse. Moral da história: as relações humanas são o ponto fraco de qualquer tecnologia que visa gerar resultados, e é nisso que devemos nos concentrar para fazê-la funcionar a nosso favor.

Parte 1 – Números que assustam

Este capítulo foi escrito no mês de setembro de 2018. O cenário econômico do País não é nada animador. Nos últimos seis anos, o nosso PIB *per capita* caiu 34%, o que quer dizer que todos nós estamos em média US$ 4,474 por ano mais pobres do que estávamos antes desse período. As fórmulas mágicas de como consertar essa situação vêm de todo lado, ainda mais em época eleitoral. Todo mundo parece ter, na distância de um click, a receita salvadora – seja esse click em um anúncio, seja na urna eletrônica.

Então, como empreendedores e empresários, acostumamo-nos a ouvir repetidamente que o nosso grande problema é este: "Fazer negócios no Brasil é muito difícil". O preparo e o nível educacional do empreendedor brasileiro são muito baixos; o acesso a crédito é caro e difícil; nossa legislação é muito complexa; e os impostos, excessivos. Tudo isso nos leva a estatísticas assustadoras de mortalidade infantil empresarial, na ordem de 25% nos primeiros dois anos.

Mas será mesmo? Vamos comparar, por exemplo, com os Estados Unidos, o berço da consciência empreendedora moderna. O acesso a crédito é simples, fácil e muito mais barato do que aqui. A legislação é simplória, quando comparada à nossa. Os impostos são muito mais baixos para as empresas, além de retornarem em serviços muito melhores. Se formos seguir a coerência lógica, teoricamente nesse cenário oposto ao nosso, o percentual de quebra de empresas nos dois primeiros anos nos Estados Unidos tenderia a ser de quase zero, certo?

A surpresa vem ao verificar os dados do *website* do SBA (Small Business Advocacy) do governo americano: o índice de fechamento de empresas nos primeiros dois anos é praticamente o mesmo do Brasil, perto de 24% em média.

Mas, então, espera aí, tudo que nos contaram sobre as dificuldades de fazer negócio no Brasil (educação, crédito, complexidade legal e impostos altos) é mentira? Não, não é. Isso é bastante real; na verdade, porém, essas dificuldades causam um problema muito, muito mais nefasto do que apenas fechar 25% nos dois primeiros anos.

Vamos entender assim: em qualquer lugar do mundo, em média 25% dos novos negócios são ruins – a ponto de não merecer existir, o que é, de certa forma, algo bom se descoberto logo. Se a ideia era ruim, se o ponto foi mal escolhido, se o empreendedor foi pouco capaz, ou se ninguém quis comprar esse produto, talvez seja mesmo melhor encerrar o negócio o quanto antes – e empreendedor de verdade não fica chorando derrota, parte logo pra outra.

Da mesma forma, sabemos que em torno de 5% dos negócios rapidamente são revelados como de grande sucesso, e o empreendedor provavelmente esteja muito feliz. O problema de verdade está nos outros 70%, que não são ruins o suficiente para que sejam fechados nem bons o suficiente para que se dê pulos de alegria. Esses 70% ficam eternamente na média ou, às vezes, na mediocridade.

Os números são de assustar: 99% dos CNPJs brasileiros são de PMEs. E são essas PMEs que empregam 52% de nossa mão de obra – porém, são responsáveis por apenas 27% do nosso PIB, segundo o Sebrae. Percebeu o problema? 52% dos empregos e 27% da grana? Nos Estados Unidos, por outro lado, as PMEs geram 46% dos empregos, mas em média 50% do PIB do mundo livre vem dos pequenos negócios.

As diferenças ficam mais que evidentes quando olhamos o desempenho: enquanto o faturamento médio anual da nossa PME é de pouco mais de US$ 37 mil, a mesma PME nos Estados Unidos fatura em média US$ 182 mil ao ano. A diferença é de quase cinco vezes.

Em suma, a nossa PME fica nanica, desnutrida, porque ela para de crescer muito mais cedo do que supostamente deveria.

Parte 2 – A causa raiz

Vamos reconstruir o ciclo de vida de uma típica PME brasileira: suponhamos que a empresa nasça, caia no gosto de seus clientes e tenha bastante potencial de crescer. O empresário se anima e começa a expandir, a contratar mais pessoas, a comprar mais mercadoria, a ocupar mais espaço físico. Tudo parece ir muito bem até algo terrível ocorrer: o dinheiro que parecia abundante não é o suficiente para pagar todas as contas. Os novos vendedores não vendem como esperado. A compra de mercadoria não foi assertiva, e o estoque está cheio de provisões erradas.

É nesse momento que o empresário se lembra de como ele estava feliz tempos atrás, quando ele era menor e tudo dava certo. Só que, de repente, tudo começou a dar errado, e ele não sabe ao certo por quê. Então, frequentemente, ele toma a decisão que vai comprometer de vez o seu futuro: dar um passo para trás, reduzir o tamanho da empresa e ficar desse jeito mesmo porque "quando eu era pequeno, ao menos conseguia pagar as contas". Pronto, temos no mercado mais uma PME na zona do sofrimento eterno ao invés de conectada ao crescimento.

Depois de estudar milhares de pequenos negócios, pude concluir que o ponto exato no qual as coisas se invertem e começam a dar errado é, na ampla maioria, no exato momento em que o empreendedor perde a capacidade de levantar a cabeça e saber de tudo e de todos com uma passada de olho.

Para evitar esse ponto de parada de crescimento, existem duas soluções principais: o empreendedor deveria valer-se da tecnologia para gerenciar melhor o seu negócio e crescer tomando as decisões certas, ou melhor ainda: o empreendedor deveria usar a tecnologia para aumentar sua receita e o volume de negócios sem necessariamente crescer a sua equipe na mesma proporção, mas, de qualquer jeito, valer-se da tecnologia a fim de elevar a sua produtividade e assertividade de decisão, uma vez que produtividade é igual a riqueza.

Parte 3 – Produtividade é igual a riqueza

Em suma, estamos chegando aqui na causa raiz de nossa empresa não crescer e prosperar, a produtividade, o velho e bom fazer mais com menos. Os problemas conjunturais citados que afetam as empresas do nosso país nos colocam na contramão do mundo. Você já ouviu a seguinte frase: "Um profissional nos USA produz por quatro brasileiros"? Temo que seja verdade, então, veja este recorte do jornal *O Estado de S.Paulo*, que demonstra a relação entre os empregados e a receita:

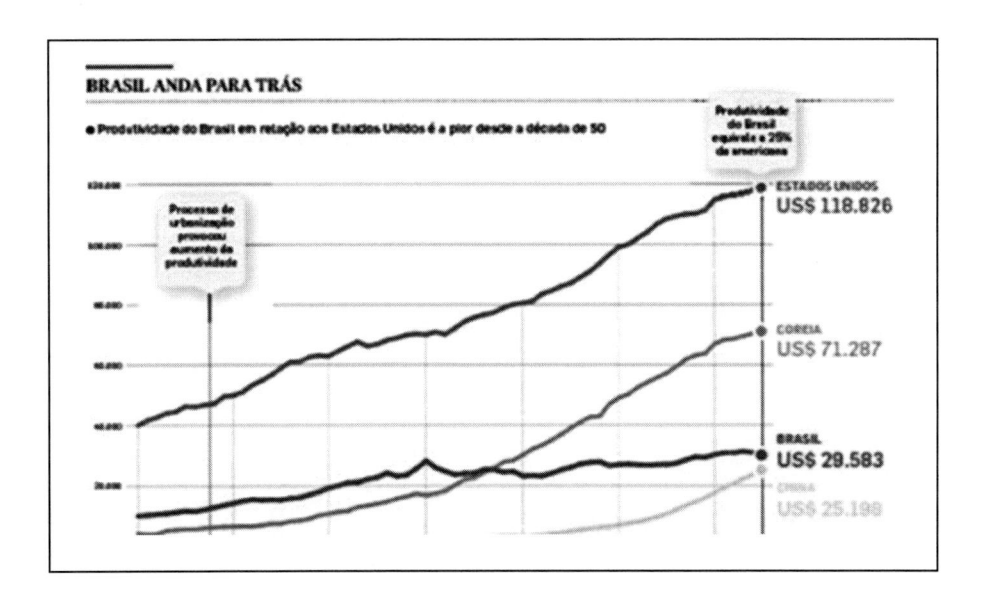

Enquanto o mundo inteiro inova e faz mais com menos, nós estamos trabalhando com a mesma produtividade que tínhamos nos anos 1980. Sendo produtividade uma razão entre o custo gerado por um profissional para a empresa e a receita que ele gera para essa, olhando os dados históricos, a coisa só fica pior: estamos perdendo muito terreno aqui também.

Gráfico 6 - Salários Real Médio e Produtividade do Trabalho
Fonte: IBGE (2015)

O gráfico acima mostra que, com o passar do tempo, ao invés de gerarmos mais receita para cada real gasto com a equipe, estamos fazendo menos com mais. Mas, enfim, como é que se faz mais com menos? O que é na prática ser mais produtivo? A princípio, a fórmula parece simples: produtividade são pessoas mais bem preparadas e mais bem equipadas para realizar as suas tarefas.

É impossível não trazer à mente o exemplo da construção civil. Enquanto no Exterior um trabalhador do segmento vai executar as suas tarefas totalmente equipado, com um cinturão que lembra o do Batman, aqui no Brasil não é raro vermos os trabalhadores subirem e descerem a escada várias vezes, porque hora faltou um prego, hora faltou um martelo.

Se a nossa solução está no aumento da produtividade, economizar em ferramentas e mandar um colaborar desempenhar suas tarefas "como for possível" pode ser classificado como suicídio empresarial.

Parte 4 – O papel da tecnologia

O papel da tecnologia na produtividade e na própria essência do negócio é algo que pode surpreender alguns. Linhas de pensamento mais inovadoras dizem que, no futuro, todo o negócio será um negócio de tecnologia – independentemente do ramo. Por exemplo, você pode pensar que está no negócio de vestuário e que ganha dinheiro vendendo peças de roupa. Entretanto, pode ser que um dia você venda apenas uma modelagem de roupa pela *internet*, e o seu cliente vai criá-la fisicamente em sua casa, com o uso de impressoras 3D.

Apesar de devermos sempre ficar de olho nessas tendências disruptivas de uso da tecnologia, o simples ganho de produtividade que podemos obter já é muito relevante para começar a reverter os números do quadro anterior. Vamos começar pelo equipamento mais básico de uma empresa: a sua infraestrutura de TI. Não é fora do comum encontrar empresas nas quais os funcionários penam ao lidar com tecnologias antigas lentas. A desculpa mais comum é: "Não temos dinheiro para trocar os equipamentos; somos pequenos ainda".

Como em todos os casos desse tipo, normalmente falta fazer a conta: se a empresa possui três funcionários, e cada um ficaria 30% mais produtivo com computadores mais rápidos e seguros, a troca de equipamentos é equivalente à contratação de mais uma pessoa (ou até a dispensa de uma das três). Tenho certeza de que o custo de um funcionário extra paga o investimento em *hardware* em menos de seis meses.

Outro ponto fundamental é o *software* de gestão. "*Software* de gestão, como assim?" – não é nada incomum receber essa pergunta de volta. Alguns levantamentos feitos no Brasil sugerem que apenas 35% das pequenas empresas já possuem um *software* de gestão para automatizar as suas tarefas do dia a dia. Eu pessoalmente acho que esse levantamento apresenta um erro muito relevante: empresas de varejo, que em 90% dos casos têm apenas um sistema para vendas no balcão e para a emissão do cupom fiscal, são consideradas dentro dos 35% informatizados, mas não o são – já que não possuem nada que as ajude no estoque, no fluxo de caixa e no planejamento de uso do dinheiro. Isso nos leva a um cenário no qual a ferramenta básica de gestão de aproximadamente 90% dos pequenos e médios negócios seja o Excel ou o papel e lápis, ao passo que, em países mais prósperos, o percentual de adoção de um *software* é de 70% ou mais.

A pergunta que não que calar é: por que esse cenário ocorre? Em um país onde todos estão cada vez mais conectados a todo instante, por que razão o nível de adoção de *softwares* de gestão empresarial é tão baixo entre as PMEs? As respostas que eu ouço quando faço tal pergunta são as mais diversas, como: "é cultura do brasileiro que não quer gastar", "é muito caro para a PME", "é muito complicado de implantar" e até "o pequeno empresário odeia fazer gestão". Sem querer iniciar uma batalha, permita-me discordar de todas. Eu acredito que a falha é, na ampla maioria dos casos, nossa – os fornecedores de tecnologia, consultores e até contadores. Mas, antes de você começar a procurar meu *e-mail* para descer a lenha em mim, peço que você vá adiante e leia a parte que vem a seguir.

Parte 5 - O DNA da pequena empresa

Vamos agora tentar entender melhor as "empresas brasileiras – como nascem, do que se alimentam e como se reproduzem"; dá para fazer um *Globo Repórter*!

E o ponto mais importante para determinar esse DNA é entender o berço, o nascedouro das empresas brasileiras. Eu costumo resumir da seguinte forma: independentemente de o empreendedor ser empresário por necessidade (perdeu o emprego e teve de se virar) ou por oportunidade (viu uma chance e saiu de seu emprego para empreender), uma coisa não muda: o seu perfil é de vendedor ou de técnico. Praticamente nunca de gestor.

Vamos dar um exemplo: imagine uma distribuidora de porte, que tem no seu quadro um vendedor que se destaca, conhece todo mundo e começa a achar que se daria melhor sozinho. Um belo dia, ele pede demissão e abre a própria distribuidora. Qual o perfil desse novo empresário? Sim, ele é um vendedor que deu certo, e tudo que ele curte é vender. Nessa mesma distribuidora, tem um contador que começa a pegar a contabilidade de algumas empresas para fazer fora do expediente. Logo ele está trabalhando dia e noite, sábado e domingo, até que chega um ponto em que ele pede demissão da distribuidora e abre seu escritório de contabilidade. Pronto! Temos um técnico que deu certo – e tudo de que ele gosta é cuidar da sua prática operacional.

Agora, corta para o profissional que gerencia a área financeira dessa distribuidora, que projeta o fluxo de caixa e zela para que tudo dê certo no final do mês... Então, ele está trabalhando lá na distribuidora até hoje. O recado aqui é que o perfil do empresário brasileiro é de vendas ou técnico, e não de gestão. Mas, afinal, por que isso é tão importante? Eu explico: tente iniciar uma conversa com um brasileiro sobre algo por que ele tenha paixão, e você será muito bem-sucedido.

Para você ter uma ideia, em palestras que eu faço dirigida a contadores por todo o País, normalmente eu pergunto assim: "Quantos de vocês já reuniram seus clientes para tentar convencê-los da importância do fluxo de caixa?" – a ampla maioria levanta a mão. "E quantos desses clientes realmente mudaram e começaram a prestar atenção no fluxo de caixa?" – esse é o ápice, momento em que todo mundo cai na risada. Aparentemente os empresários estão conscientizados, mas, ao voltarem para seu cotidiano, continua tudo como estava.

O que eu quero dizer é que isso é normal. Não adianta ficar dando murro em ponta de faca e forçar o empresário a um comportamento que está fora do seu DNA. Não adianta discursar com ninguém sobre coisas pelas quais essa pessoa não tem interesse, pois dificilmente isso provocará mudança de comportamento.

Parte 6 – Uma nova comunicação adequada ao DNA do empresário

Talvez a resposta do quebra-cabeça seja simplesmente a comunicação. Precisamos de uma nova forma de lidar com o empreendedor, uma maneira que faça sentido para ele, que seja aderente ao seu DNA. E como seria tal comunicação? Bem, basta falar do que ele gosta de ouvir. Resumi no quadro abaixo essa diferença entre como é usualmente a comunicação com o empresário e como ela deveria ser para gerar a mudança de comportamento desejada:

COMO É	COMO DEVE SER
Conceitual, abstrata	Prática, de resultados imediatos
Focado no que é NECESSÁRIO, do ponto de vista de quem fornece	Focado no que é INTERESSANTE, do ponto de vista do empreendedor
Exemplo: "Empresário, você precisa cuidar do seu fluxo de caixa"	Exemplo: "Com este sistema você vai vender mais, e o fluxo de caixa será uma consequência"

Outro ponto fundamental nessa nova comunicação é deixar claro, muito explícito, o ganho que o empresário terá com a adoção da nova tecnologia. No exemplo abaixo, eu mostro um quadro por meio do qual normalmente convenço empresários a largar as ferramentas gratuitas (emissor de NF-e gratuito + Excel) e migrar para um sistema de gestão integrado. No quadro, simulamos uma empresa pequena, que emite apenas dez notas fiscais eletrônicas por dia. Vejamos:

Atividade	ERP Omie		Emissor "gratuito"	
Capturar um pedido de venda	Captura on-line via Web ou dispositivos móveis consistidos eletronicamente	4 min	Captura em blocos de papel ou planilhas via e-mail	15 min
Emitir uma nota fiscal	ERP com parametrização fiscal e integrado à captura de pedidos	0,5 min	Emissor gratuito de NF-e, com cada detalhe tributário manualmente inserido	25 min
Gerar um boleto	Ação automática pela emissão da NF-e pelo ERP	0 min	Redigitação de todos os dados do cliente no site do banco	10 min
Conferir pagamentos dos clientes	Importar arquivo de retorno de cobrança e gerar relatório	3 min	Conferir manualmente pelo extrato e alimentar planilha	35 min
Saber os níveis de estoque para compras	Gerar relatório e pedido de compra no ERP	3 min	Criar planilhas de movimento ou recontagem física	60 min
TOTAL POR DIA (10 vendas/dia)	51 minutos		11 horas e 34 minutos (2 funcionários)	

Parte 7 – Escolhendo um sistema de gestão integrado para a sua empresa

Como se costuma dizer, é "aqui que a cobra fuma". Se existem mais de 800 fornecedores de *software* de gestão no Brasil, como escolher o correto para a sua empresa?

Bem, vou focar aqui nas médias e nas pequenas empresas. Para começar, é necessário entender melhor o que vem ocorrendo, no mercado de sistemas ERP, na última década.

A maioria dos sistemas de gestão empresarial (ou ERP) do mercado possui mais de 25 anos de estrada. São sistemas que cresceram muito, tendo sido surrados por mudanças de legislação e solicitações de clientes específicos. Em vez de evoluir, incharam.

O mundo mudou muito nas últimas duas décadas; só que, mais do que isso, mudaram as pessoas. Nesse período, vieram ao mercado de trabalho duas novas gerações, as chamadas geração X e Y, sendo que esta última já nasceu na era digital e possui outra visão de como as coisas são, ou deveriam ser. Os "nativos digitais" simplesmente não aceitam a desculpa de que as coisas são complicadas porque são.

Então, imagine o impacto de colocar uma pessoa como essa, nascida e criada na *web*, para usar um sistema concebido há mais de 20 anos, engessado, burocrático, complicado e principalmente... feio de dar dó!

Se não enxerga o usuário de forma diferente e o coloca no centro de tudo, o fornecedor de *software* será abandonado sem dó nem piedade pelos seus jovens clientes, já que outra característica dessas novas gerações é a baixíssima fidelidade a marcas.

Portanto, o poder mudou de mãos. Há 20 anos, o poder estava concentrado no dono da empresa. Ele comprava um *software* e depois enfiava isso garganta abaixo da empresa, pois as organizações eram quase sempre baseadas no velho conceito de "comando e controle"; então, "quem tem juízo obedece". Isso ainda se dá por aí, só que cada vez mais as pessoas são cobradas por resultados, e não pelo cumprimento de tarefas, o que muda radicalmente o eixo do poder para as mãos do usuário: se estiver trazendo bons resultados para a empresa, essa pessoa ganha automaticamente o poder de simplesmente boicotar um *software*, a ponto de fazer a iniciativa capotar.

Se já ficou claro que a tolerância dos usuários ao *"facelift"* de sistemas antigos está em queda, escolher um sistema desses é arrumar problemas com a sua equipe. Mas, por outro lado, tenha cuidado com a nova moda do "apelo ao simples". Vendedores dos novos sistemas de gestão na nuvem adoram dizer que são muito mais simples, só que aí cometeram, em sua ampla maioria, outro grande engano. Confundir simples com simplório.

Simples é sofisticado, simples é encapsular a complexidade e resolver tudo em um click mágico. Simples é, na verdade, a coisa mais difícil de ser feita. Por outro lado, simplório é ignorar a complexidade, é ser despojado, incompleto, é pegar um atalho falso rumo à difícil satisfação desse novo usuário. Em outras palavras, um sistema simplório pode até agradar no início, mas logo é descartado por ser praticamente inútil para a gestão. Cuidado!

Parte 8 – O novo design dos sistemas de informação integrados

Ao contrário do que alguns pensam, o *design* não é apenas o visual. *Design* determina como um produto funciona e, principalmente, como ele é usado pelo usuário. *Design* é muito mais do que uma carinha bonita; é determinar como se dará a adoção do *software* pela empresa e como ele poderá ajudá-la a ter sucesso.

Eu acredito que, daqui para frente, a forma de pensar o *design* dos sistemas de informação entrará em plena transição: até agora, ao entender o *design* de uma funcionalidade de um *software*, os *designers* consideravam da seguinte forma: "Como eu posso fazer com que essa transação seja executada da forma mais simples, intuitiva e econômica pelo usuário".

Pois bem, isso é velho. Essa maneira de pensar já era.

O novo jeito de tratar o *design* dos sistemas de gestão é "como eu posso fazer para o usuário **não ter que executar** essa transação?". Para ficar mais claro, vamos dar um exemplo. Costumávamos pensar assim: como vou deixar a tela de lançamento de contas a pagar o mais fácil para o usuário lançar a conta de luz com todos os dados necessários ao SPED? Pois bem, isso é velho, é ultrapassado. Os *designers* da nova geração pensam assim: "Como eu poderia fazer para capturar a conta de luz da concessionária e preencher tudo sozinho, sem sequer incomodar o usuário?" – percebeu a diferença?

Aqui entram mais dois fatores do *design*: a integração do sistema com os demais serviços existentes na nuvem, e como utilizar a Inteligência Artificial (IA) para decidir as coisas pelo usuário. Vou trazer mais dois exemplos: na **Parte 1** deste capítulo, vimos que duas das principais coisas que impedem o crescimento das empresas no País são a complexidade legal e a dificuldade de acesso a crédito, lembra?

Muito bem! A IA já está resolvendo ambos, hoje, e no Brasil.

No *software* Omie, por exemplo, o usuário tem acesso a crédito de forma simples, sem burocracia e imediata, e o mais importante de tudo: a uma fração da taxa de juros que ele pagaria em um banco. Isso é possível graças a sofisticados algoritmos que entendem o comportamento de uma empresa e sua capacidade de pagamento, sem burocracia.

Outro ponto que atrapalha muito a vida do empreendedor é a complexidade legal. Emitir uma NF-e é muitas vezes um trabalho hercúleo. Para você ter uma ideia, desde a nossa Constituição de 1988, o governo já editou e publicou mais de 5,4 milhões de portarias. Não há mente humana capaz de resolver isso, mas, sim, existe mente eletrônica. O mesmo sistema Omie já se utiliza de IA para determinar a taxação e as alíquotas envolvidas em um determinado cenário fiscal de uma determinada venda.

Parte 9 - Enxergando o negócio por meio de processos

Na **Parte 2** deste capítulo, mapeamos o exato ponto em que uma empresa para de crescer e fica estagnada. É quando o empresário perde a capacidade de levantar a cabeça e ver o que está ocorrendo em sua empresa. É nesse ponto que as coisas começam a dar errado.

Para prevenir isso, é essencial que os sistemas de gestão controlem não apenas as transações, mas os processos de negócio. É necessário enxergar os processos em tempo real e, principalmente, de forma resumida. Gerenciar é ter a capacidade de chegar de manhã na empresa e saber "em quais atividades devo me concentrar para as coisas andarem", simples assim. Tenho certeza de que você já sentiu falta disso, e aqui voltamos em outra falha grave de *design* de alguns sistemas de gestão que não possuem visão de processo. Essa falha costuma, às vezes, definir até o posicionamento de mercado do fornecedor da solução. Vamos ver um exemplo?

É comum ver anúncios de *software* de gestão que dizem: "Com o software XYZ, você economiza tempo com a burocracia para cuidar do que realmente importa, o seu negócio". Isso, nos dias atuais, não poderia estar mais errado! O posicionamento correto de um *software* com real simplicidade (encapsulamento da complexidade) e orientação a processos seria mais ou menos assim: "Com o software XYZ, você cuida do que realmente importa, o seu negócio – e toda a burocracia é resolvida por consequência".

Parte 10 – Conclusão

Se existe uma aposta unânime em relação ao que pode mudar este país e transformá-lo em algo muito melhor para todos nós é o empreendedorismo e as pequenas empresas. Para isso dar certo, precisamos nos livrar definitivamente das consequências do tal "custo Brasil", que ancora os empreendedores e limita seu crescimento. Aqui é que entra o *software* de gestão integrado. Pode ser difícil mudar as leis, mas podemos usar a tecnologia como o grande contrapeso que nos auxiliará na prosperidade de nossas empresas e garantirá um país melhor para todos.

Rituais de gestão:
a empresa na sua mão

Mário Mateus

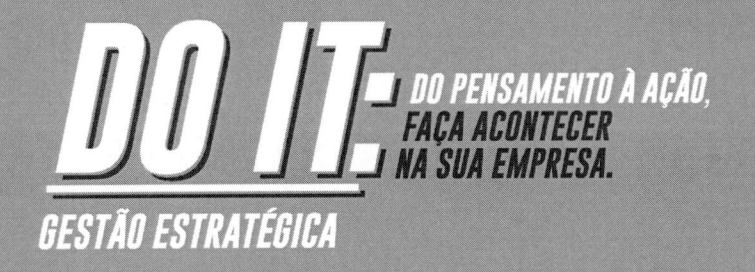

DO IT: DO PENSAMENTO À AÇÃO, FAÇA ACONTECER NA SUA EMPRESA.
GESTÃO ESTRATÉGICA

MÁRIO MATEUS

CEO da Matur Organização Contábil. Advogado, bacharel em Ciências Contábeis, MBA em Direito Tributário pela FGV, especialista em Estratégia e Inovação de Negócios pela Wharton University of Pennsylvania, mentor estratégico, palestrante nas áreas de Gestão, Empreendedorismo, Liderança, Alta Performance. Autor dos livros *Os Sentidos do Empreendedorismo* e *Dentro do Arco-Íris* (infantojuvenil) e coautor do livro *Phases – Transformando empreendedores em empresários*. E, como faz questão de ressaltar, um eterno aprendiz. Já realizou mais de 500 palestras e treinamentos em todo o Brasil, levando conhecimento a mais de 65 mil pessoas.

Introdução do capítulo

∙∙∙

Matur Organização Contábil. Esse é o nome da nossa empresa, fundada pelo meu pai, José Mateus Filho, em 1963, portanto há 55 anos. Onde eu e meus irmãos Marco Aurélio de Magalhães Mateus e Simone de Magalhães Mateus trabalhamos, todos há mais de 35 anos. Onde pudemos exercitar nossas habilidades empresariais, passando pelos mais diversos tipos de situações imagináveis de uma empresa familiar e de prestação de serviços que teve de se adaptar a todas as mudanças nestes 55 anos de vida.

Vamos nos ater, porém, aos últimos 12 anos. Estávamos passando por uma fase de crescimento, o PIB do país crescendo em média 5% ao ano, entrando no segundo governo Lula. Parecia tudo normal, mas nossa empresa sentia que alguma coisa precisava mudar. O processo de sucessão estava passando por um novo momento de duras crises e a qualquer momento poderia nos levar a uma dissolução irreversível. Contávamos com 320 colaboradores em média e uns 920 clientes. Em termos de números, éramos considerados os maiores de Minas Gerais, mas esse *ranking* considerava apenas os números; não levava em conta o resultado. E, em termos de resultado, nossa empresa não correspondia ao que se esperava, o que me deixava arrasado.

A relação familiar, principalmente entre eu e meus irmãos, havia amadurecido bastante e atingido um ponto alto de diálogo e transparência, que até hoje nos serve como pilar na gestão dos negócios. Sabemos que uma base sólida só poderá existir se houver confiança, verdade, clareza nas relações; se um apoiar o outro, vibrar com a vitória do outro e, principalmente, se entender que não existe ninguém mais importante na organização. Todos somos igualmente importantes dentro de suas tarefas. A felicidade de um é a felicidade do outro. E que essa união contagia toda a equipe, que se sente forte e também parte da família.

Precisávamos mudar esse cenário pelo qual passávamos. A empresa não poderia continuar daquele tamanho sem dar resultados. Atitudes deveriam ser tomadas imediatamente; afinal, atitude é ação. E, se quiséssemos obter resultados, tínhamos de agir; e, se quiséssemos obter resultados diferentes, tínhamos de agir diferente. Albert Einstein já dizia: "Insanidade é continuar fazendo sempre a mesma coisa e esperar resultados diferentes". Não é que o meu pai estivesse errado; é que apenas precisava ser feito diferente, e partimos para a ação.

Trabalhamos nossos processos, criamos novos projetos, mudamos nosso sistema, cuidamos das pessoas – nossos colaboradores, nossos clientes e também da sociedade no nosso entorno. Tudo isso com um modelo de gestão moderna, participativa e compartilhada. E o mais importante: criamos os nossos rituais de gestão, o que garante que estejamos sempre planejando, fazendo, verificando e agindo, com foco em resultado.

Processo

O primeiro ponto que trabalhamos foram os processos. Não acredito que tenha uma ordem certa ou melhor. Essa foi nossa opção naquele momento. Depois outros foram sendo trabalhados à medida que nossas necessidades e nosso grau de maturidade foram pedindo. Assim fazemos até hoje. Sinto que temos de estar preparados para certos projetos, e a equipe tem de estar preparada e sensibilizada.

Passamos por uma experiência incrível. Conversamos com todos os colaboradores para saber como era o relacionamento de um com o outro; como recebiam e passavam os trabalhos internamente, com os outros colaboradores, e externamente, com clientes, fornecedores, órgãos do governo e demais. Desenhamos, assim, o chamado mapa de contexto, mostrando todos os relacionamentos existentes desse padrão.

O mais interessante é o que descobrimos: por falta de processos bem definidos, tínhamos em média 500 não conformidades, o que gerava muito retrabalho, mais necessidade de mão de obra e mais custo. Para mitigar isso, precisávamos redesenhar o fluxo dos processos, pois cada um fazia do seu jeito. E, se os processos estão desordenados, as práticas de trabalho podem ficar pouco sólidas, com cada um fazendo à sua maneira. Muitas vezes, apenas um profissional conhece a forma certa de desempenhar uma tarefa e, quando ele sai do quadro ou falta, todos acabam tendo problemas.

Levantamos, com todos os nossos colaboradores, o que eles faziam no dia a dia, como iniciavam as tarefas e como as finalizavam, desenhando o fluxo do processo de trabalho de cada um. Quando havia algo muito importante nesse fluxo, desenhávamos um POP – procedimento operacional padrão – para que ali fosse dedicada uma atenção especial. Assim, qualquer pessoa que começasse na empresa poderia trabalhar com todas as informações em mãos, evitando erros, diminuindo tempo e gerando melhores resultados.

Quando os seus processos são organizados, você está, na verdade, sistematizando ações, demandas, colaborações, responsabilidades, materiais, investimentos e procedimentos operacionais. É um gerenciamento otimizado, que busca facilitar o cotidiano de trabalho, elevar a produtividade, aumentar a eficiência do atendimento e reduzir os custos e os erros.

Projetos

Com os nossos processos organizados, começamos a perceber que tínhamos muitas ações em andamento e que isso era bem legal, nos motivava bastante, mas muitas vezes nos perdíamos nos controles necessários para o bom andamento daquelas ações. Tínhamos a impressão de que algumas deveriam durar menos tempo; outras, mais tempo. Quem era realmente o responsável por aquela ação, como controlar... Enfim, eram questões que nos deixavam bastante inquietos. Foi quando transformamos tudo isso em projetos bem definidos e gerenciados, mudando completamente a maneira com a qual conduzíamos a situação.

O projeto é um conjunto de atividades com o objetivo de produzir um resultado ou um novo produto ou serviço. Ele pode ser temporário, pois tem início e fim, com escopo e recursos definidos. Não se trata de uma operação de rotina, mas de objetivo para atingir um fim desejado.

O Gerenciamento de Projetos é a aplicação de conhecimentos, habilidades e técnicas para a execução de projetos de forma efetiva e eficaz. Trata-se de uma competência estratégica para organizações, permitindo que elas unam os resultados dos projetos aos objetivos do negócio, capacitando-as para melhor competir no mercado.

Hoje costumo dizer que, em nossa organização, temos uma hierarquia fluida, pois o dono do projeto é o "dono" da empresa. Neste momento, é ele quem tem o direito de cobrar de todos da empresa o empenho necessário para atingir os resultados do projeto do qual é o responsável.

Indicadores

O processo de gestão já demonstrou diversas vezes que a profissionalização de uma empresa passa necessariamente pela prática de indicadores, pois, como sabemos, o que não pode ser medido não pode ser melhorado. Os indicadores de gestão precisam utilizar dados que mostrem, de forma correta, como anda a eficiência da empresa. Para isso, é fundamental saber escolher os melhores indicadores, alinhados à estratégia de cada empresa.

Existem diversos tipos de indicadores que fornecem uma série de informações que podem estar encaixadas em categorias que melhor atendam às medições necessárias à sua organização. Quero, porém, demonstrar como os adaptamos às nossas necessidades e como acompanhamos tais indicadores, pois eles têm uma contribuição significativa no controle da nossa empresa.

Os indicadores são veículos de comunicação que permitem que o corpo de gestores de uma organização mostre aos seus liderados o quão eficiente um processo é e como está o seu desempenho ao longo de um período determinado. De posse dessas informações, cabe ao gestor e à equipe traçarem planos de ação para o alcance de determinadas metas ou até mesmo para saber se estão ou não no caminho certo.

Na nossa empresa, usamos alguns indicadores que julgamos extremamente importantes no nosso negócio. Através deles, medimos a qualidade das nossas entregas e a satisfação dos nossos clientes, mitigamos os riscos e acompanhamos as tarefas dos nossos colaboradores.

Temos alguns sistemas que nos auxiliam consideravelmente nessa tarefa. Com eles, acompanhamos todas as nossas entregas, por departamento e por colaborador, que devem ser feitas com 48 horas de antecedência da data oficial do prazo do governo. Os sistemas nos mostram quais entregas foram feitas no prazo, antes do prazo, com 24 horas do prazo legal, no dia do prazo legal ou até mesmo após o prazo legal. Por meio dos indicadores, controlamos nossas entregas.

Rituais de gestão

A maneira como as organizações atuam em determinadas situações (procedimentos adotados em demissões, promoções e transferências de funcionários, por exemplo) revela o perfil dessas organizações ou dos diferentes grupos existentes dentro das empresas.

Em uma avaliação superficial, as ações dos membros de uma organização podem ser caracterizadas como maneiras de alcançar lucro, promoções e metas. Entretanto, essas mesmas ações podem demonstrar um forte simbolismo, expressando elementos pelos quais crenças, emoções e identidades podem ser formadas ou alteradas.

Esse tipo organizacional tem uma maneira própria de agir e adota procedimentos com grande caráter simbólico. Essas ações afetam os indivíduos e desempenham papel importante na manutenção e no reforço das relações sociais existentes, integrando os indivíduos em uma estrutura social mais ampla.

Compreender o simbolismo das ações possibilita uma adaptação mais fácil dos colaboradores. Para os gestores, nas situações de crise, conhecer o significado intrínseco dos procedimentos faz com que as estratégias adotadas sejam mais eficazes.

Gazi Islam, pesquisador do Insper, elaborou um estudo no qual analisa as estruturas das relações interpessoais dentro das empresas. Normalmente, nas pesquisas, são considerados símbolos os objetos como uniformes ou logomarcas. No entanto, o modo de agir também pode ser considerado um símbolo funcional. Comportamentos, tipos de comportamentos e comportamentos ocasionais também podem atuar como símbolos quando ocorrem em determinados contextos sociais.

Gazi Islam também agrupou situações que têm grande impacto na estrutura social e nos conceitos e valores individuais dos seus funcionários. A maneira como as empresas lidam com esses acontecimentos tem um alto poder simbólico. Elas foram classificadas em seis diferentes "rituais corporativos", mas vamos ver quatro:

- Rituais de passagem
- Rituais de valorização

- Rituais de renovação
- Rituais de integração

O ritual de passagem é composto por uma fase preliminar, na qual o indivíduo é removido de sua função anterior; uma fase de transição, em que a pessoa está entre dois papéis e fica temporariamente desprovida da identidade social que a identifica a um grupo; e uma fase pós-liminar, em que o indivíduo é incorporado ao seu novo papel.

Os rituais de valorização são cerimônias elaboradas para os membros da organização que executaram excepcionalmente bem suas funções ou que personificam os valores e as atitudes da empresa.

Os rituais de renovação consistem em ações simbólicas periódicas, realizadas para reforçar a predominância de determinados valores da organização, reforçar os laços sociais dentro da companhia, lembrando a cada pessoa a importância do grupo social.

Já os rituais de integração tentam juntar diferentes grupos dentro da organização que normalmente não interagiriam.

Então, podemos dizer que ritual **é um conjunto de práticas consagradas por tradições, costumes ou normas**, que devem ser observadas de forma invariável em determinadas cerimônias, através das quais se atribuem virtudes ou poderes inerentes à maneira de agir, aos gestos, às fórmulas e aos símbolos usados, suscetíveis de produzirem determinados efeitos ou resultados.

Criamos esses rituais para que possamos manter todos os processos, projetos, indicadores e demais situações da nossa organização sob constante acompanhamento e controle, para que toda a equipe de gestão saiba exatamente qual é o nosso objetivo principal, qual é a nossa meta. E que todos estejam juntos rumo a essa meta; todos com o pensamento uníssono no mesmo objetivo.

Na nossa empresa, aplicamos os rituais de gestão por meio de reuniões mensais com as equipes de gestão. Faço uma reunião específica com os gestores da administração, com o Departamento de

Pessoal, com o contábil/fiscal, com os consultores, com os gestores e com os líderes. Faço também uma reunião financeira e uma com todo o grupo. Cada reunião leva de uma hora a uma hora e meia. Revemos todos os projetos, checamos os indicadores e passamos o PDCA (que o Davi explicou com maestria em seu capítulo), acompanhando todos os indicadores, corrigindo a rota onde e quando for necessário, tomando as decisões a tempo, discutindo e tornando a gestão participativa. Com isso, todos se sentem responsáveis e parte integrante do processo; uma equipe forte, unida, confiante e que, como costumo dizer, vai devagar, mas com muita pressa de chegar.

Os rituais de gestão deram um novo norte, um novo rumo à nossa empresa. Com eles, pude nivelar todas as informações da empresa com os nossos gestores e dividir com eles nossos propósitos, nossas metas, nossos objetivos. Na verdade, definimos juntos o planejamento estratégico, as decisões a serem tomadas, as experiências a serem feitas. Dividimos o bônus da vitória, mas também as lágrimas das derrotas. Aprendemos que sozinhos somos vulneráveis, mas que juntos somos mais fortes; que a soma das nossas partes é bem maior que o todo; que a alegria é contagiante; e, principalmente, aprendemos que a palavra ensina, os números convencem, mas o exemplo arrasta.

O resultado é que hoje temos 880 clientes, 140 colaboradores, um índice de satisfação de clientes acima de 96%, um ótimo ambiente de trabalho, um largo sorriso no rosto e muito orgulho no peito!

O passo a passo da gestão estratégica

Mário Mateus

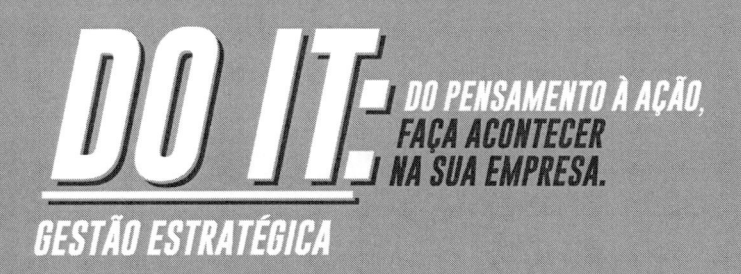

DO IT: DO PENSAMENTO À AÇÃO, FAÇA ACONTECER NA SUA EMPRESA.
GESTÃO ESTRATÉGICA

Nasce um sonho: ideias e decisões

Missão empreendedora: seu negócio transformando vidas

Quem sonha seu sonho com você: a força das parcerias

Planejamento estratégico empresarial: seu sonho com prazo para acontecer

Gestão financeira: segurança e tranquilidade ao tomar decisões

Gestão estratégica de RH: transformando indivíduos em equipes de alta performance

O poder da comunicação: a inteligência vem da comunicação; a sabedoria, da emoção

Estratégia no varejo: encantando o cliente

Presença digital: o único caminho

Venda mais: agregando valor

Sistema de Informação Integrado: tudo o que você precisa saber em um click

Rituais de gestão: a empresa na sua mão

Pode acreditar: se você quer iniciar um negócio, ou se deseja melhorar seu negócio ou a forma de fazer gestão na sua empresa, este sim é um roteiro que você pode seguir ou usar como inspiração para essas diversas áreas. Ele foi exaustivamente testado por esses empresários – repletos de conhecimento e experiência – e ilustrado nestas páginas para que as pessoas pudessem usufruir, aprender, usar e trocar. Dessa forma, juntos, podemos crescer rumo a um empreendedorismo melhor, mais justo e com oportunidades iguais para todos.

Conheço bem todos os coautores desta obra. Sou amigo deles, tenho este privilégio, esta bênção divina. Por isso, sei que nós temos algo em comum, já que acreditamos ser eternos aprendizes, que o que sabemos é circunstancial e que amanhã pode ser feito de maneira diferente. Dessa forma, estamos abertos ao novo; abertos, atentos e ávidos pelo novo. Foi por essa razão que nós nos dedicamos de corpo e alma a esta tarefa, pois nosso anseio é passar aquilo que recebemos do Universo. Sabemos que uma das máximas de uma empresa de sucesso é o valor compartilhado.

No mais, só posso dizer o quanto estou honrado de poder escrever um capítulo e as conexões dos capítulos com estes 11 mestres, mentores, empresários, profissionais e gigantes do empreendedorismo nacional.

Certamente nos veremos por aí, nas trilhas da gestão estratégica.

Um forte abraço!

Mário Mateus